Ein Buch mit sieben Siegeln?

Theologie für die Gemeinde

Im Auftrag der Ehrenamtsakademie
der Ev.-Luth. Landeskirche Sachsens herausgegeben
von Heiko Franke und Wolfgang Ratzmann

Gedruckt mit Unterstützung der Vereinigten
Evangelisch-Lutherischen Kirche Deutschlands (VELKD)

Band II/3

Christoph Kähler

Ein Buch mit sieben Siegeln?

Die Bibel verstehen und auslegen

EVANGELISCHE VERLAGSANSTALT
Leipzig

Christoph Kähler, Dr. theol., Jahrgang 1944, studierte Theologie in Jena und Greifswald, war wissenschaftlicher Assistent in Jena, Pfarrer in Leipzig, Dozent und Professor für neutestamentliche Wissenschaft am Theologischen Seminar / Kirchliche Hochschule Leipzig und an der Theologischen Fakultät in Leipzig, von 2001 bis 2009 Landesbischof der Evangelisch-Lutherischen Landeskirche in Thüringen bzw. der Evangelischen Kirche in Mitteldeutschland, in dieser Zeit auch von 2003 bis 2009 stellvertretender Ratsvorsitzender der EKD. Seit 2010 leitet er den Lenkungsausschuss für die Durchsicht der Lutherbibel, die in einer Überarbeitung zum Reformationsjubiläum 2017 erscheinen soll.

Bibliographische Information der Deutschen Nationalbibliothek
Die Deutsche Nationalbibliothek verzeichnet diese Publikation in der Deutschen Nationalbibliographie; detaillierte bibliographische Daten sind im Internet über http://dnb.dnb.de abrufbar.

© 2016 by Evangelische Verlagsanstalt GmbH · Leipzig
Printed in Germany · H 7988

Cover: Kai-Michael Gustmann, Leipzig
Coverfoto: Minuskel 2754: © Bibelmuseum Münster
Layout und Satz: Steffi Glauche, Leipzig
Druck und Binden: BELTZ Bad Langensalza GmbH

ISBN 978-3-374-03192-4
www.eva-leipzig.de

Vorwort

Jedes Jahr im Advent saßen wir als Kinder abends unter dem selbstgebundenen Kranz und sangen Lieder, die auf Weihnachten hinführten. Zwischen den Liedern lasen meine Eltern täglich zwei Bibelsprüche von einem Papierstern, der dann an den Kranz gehängt wurde. So wurde es nicht nur durch die Kerzen von Sonntag zu Sonntag heller, sondern der Kranz wurde immer mehr geschmückt, bis 24 Sterne rundherum hingen. Auf jedem Stern stand eine Verheißung aus dem Alten Testament und auf der Rückseite eine Erfüllung aus dem Neuen Testament. Das hat sich allen, die dabei waren, tief eingeprägt – lange bevor ich diese Verse in ihrem biblischen Zusammenhang las und verstehen konnte.

Es gehört zu den Enttäuschungen meines Theologiestudiums, dass ich begreifen musste, dass das Alte und das Neue Testament nicht so einfach aufeinander bezogen werden dürfen. Sie stehen nicht als Frage und als Antwort zueinander, sie sind also auch nicht auf Verheißungen und ihre Erfüllung zu reduzieren. Die einzelnen biblischen Schriften haben eine eigene Botschaft und können zunächst für sich danach befragt werden, welche grundlegenden Erfahrungen mit Gott, dem Schöpfer und Erhalter, mit dem Richter und Retter hier ihren Ausdruck gefunden haben. Die verschiedenen Zeugen sprechen in ganz unterschiedlichen Situationen und haben verschiedene Botschaften. So kennen die Psalmen sowohl die verzweifelte Klage als auch die tiefe Dankbarkeit für die erfahrene Hilfe Gottes. Ähnliches wiederholt sich in den Schriften des Neuen Testaments. Wie stark die ersten

Gemeinden auf Gottes Eingreifen in die politischen Katastrophen der Zeit warteten, also noch auf Erfüllung hofften, macht die Offenbarung an Johannes deutlich. Meine Lehrer brachten uns bei, auf diese einzelnen Stimmen zu hören und den großen Einheitsformeln zu misstrauen. Das war sicher ein Gewinn, entfremdete mich aber auch von einer schönen Sitte meiner Kinderzeit.

Als ich später mit den Schriften des Neuen Testaments noch vertrauter wurde, ging mir auf, dass oft genug die ersten Christen die Fragenden waren und Antworten für sich im Alten Testament fanden. Eine dieser Fragen war: Warum musste Jesus leiden und sterben, der so überzeugend von Gottes Herrschaft gesprochen hatte und ihre Kraft in seinen Wundern bewies? Die beeindruckenden Lieder vom leidenden Gottesknecht im zweiten Jesajabuch wurde für die Jünger Jesu zur Antwort und sie deuteten damit, was sie erlebt und auch selbst erlitten hatten. Oder sie erinnerten sich an Psalm 22, der mit den Worten beginnt: »Mein Gott, mein Gott, warum hast du mich verlassen?« Es gibt viele solcher Erinnerungen, die der frühen Christenheit Klarheit verschafften und zum christlichen Verständnis des Alten Testaments wurden. In diesem Sinne darf man also doch Entsprechungen zwischen alttestamentlichen und neutestamentlichen Texten suchen und zusammenstellen – als eigene Deutung. So verstehe ich inzwischen den guten Sinn des Adventskalenders meiner Kindheit besser. Ähnlich ist es auch mit den Herrnhuter Losungen für jeden Tag: Alttestamentliche Verse werden mit neutestamentlichen für jeden Tag zusammengestellt. Sie können sich ergänzen oder kommentieren. Manchmal treffen sie genau meine Situation, an anderen Tagen gelingt der Zugang zu ihnen nur schwer. Stets aber sind solche Zusammenstellungen Denkanstöße.

Weit darüber hinaus gehen Erlebnisse, in denen wir unsere Erschütterung in den Worten der Bibel fassen konnten. »Gott hilf mir! Denn das Wasser geht mir bis an die Kehle«, so fand unsere Trauer um nahe Angehörige ihren Ausdruck im Beginn von Psalm 69. Und schon lange vor der Maueröffnung 1989 haben wir Psalm 126 »Wenn der Herr die Gefangenen Zions erlösen wird, so werden wir sein wie die Träumenden« immer wieder als Hoffnungsgebet gesprochen.

Viele, die sich schon länger mit biblischen Texten beschäftigen, erleben im Laufe ihres Lebens Ähnliches. Vertraute biblische Texte gehen mit uns mit und füllen sich mit den persönlichen Erfahrungen, wie Psalm 23 »Der Herr ist mein Hirte«. Andere Stellen können fremd werden, Unverständliches kann sich dagegen allmählich erschließen und Kritisches wiederum in einer neuen Perspektive fruchtbar werden. Manches Dunkle lässt sich aber genauer betrachten und erklären. Darum sollen die folgenden Kapitel eine Art Reiseführer bieten, der wichtige Stationen eines Weges beschreibt. Er wird nicht jede Frage klären und jedes kostbare Stück ausführlich beschreiben, wohl aber soll er besonders wichtige Fragen aufnehmen und auf mögliche Antworten hinweisen.

Inhalt

1 Einleitung

1.1 Mord und Totschlag, Literatur und Leben

1928 veranstaltete die illustrierte Modezeitschrift »Die Dame« eine Umfrage unter Schriftstellern und fragte sie nach dem Buch, das bei ihnen den größten Eindruck hinterlassen habe. Die Umfrage wurde in der Beilage mit dem doppeldeutigen Namen »Die losen Blätter« veröffentlicht. Eine einzige Antwort daraus ist bis heute fast sprichwörtlich. Sie stammte von dem skandalumwitterten, jungen und erfolgreichen Autor Bertolt Brecht. »Sie werden lachen: die Bibel«, schrieb Brecht und begründete seine Antwort damit, dass er die Bibel läse als eine »Sammlung von aufregenden Geschichten, Generationskonflikten, Mord und Totschlag, gipfelnd im Hohenlied der Liebe«. Das war natürlich alles andere als ein Glaubensbekenntnis, sondern ein frecher Witz, doch nicht ohne erheblichen Respekt vor diesem Buch und seiner Sprache.

Um echten Mord und Totschlag handelte es sich, wenn Christen und christliche Gemeinden in den Katakomben leben mussten, aber an ihren Bibeln erkannt werden konnten. Da konnten Bücher und mit ihnen die Besitzer vernichtet werden. Das geschah im Römischen Reich bis zum Anfang des vierten Jahrhunderts n. Chr. und danach immer wieder in der Kirchengeschichte. Ein sehr eindrucksvolles Verhältnis zur Bibel hatten etwa die Geheimprotestanten in Österreich, die ihren Glauben nach der katholischen Gegenreformation nur heimlich ausdrücken und leben konnten. Sie feierten an unzugänglichen Stellen evangelischen Gottesdienst und mussten ihre Lutherbibeln 150 Jahre lang immer wieder auf abenteuerliche Weise verstecken. Ob in Hohlräumen im Kuhstall oder unter den Dielen verborgen, durften Bibel und Gesangbuch bei einer Hausdurchsuchung nicht entdeckt werden, denn sonst hätten ihre Besitzer Haus und Hof verloren und wären aus ihrer Heimat vertrieben worden – ein hoher Preis für eine Frömmigkeit, die aus der Bibel lebte.

1.2 Das verbreitete und dennoch unbekannte Buch

Die Bibel lesen Christen und aufgeschlossene Anhänger anderer Religionen, Atheisten wie Brecht und suchende Humanisten. Sie ist Gegenstand der größten Verehrung und der wütendsten Ablehnung. Wer sich mit ihr länger beschäftigt, den lässt sie nicht kalt. Dazu kommt, dass viele Wendungen der deutschen Sprache, Sprichwörter, Geschichten und Vorstellungen aus der Bibel stammen. Ihre Erzählungen, ihre Schilderungen und Merkworte bilden eine fast unerschöpfliche Quelle für den christlichen Glauben und die humanistische Bildung. Neben den Sagen und Geschichten des griechisch-römischen Altertums fanden vor allem die Stoffe der Bibel immer wieder ihren Weg in die Kunst, sowohl in die Musik als auch in Malerei und Literatur. Diese Bedeutung der Bibel, die weit über die Kirchen hinausreicht, wird oft unterschätzt, weil die Herkunft biblischer Geschichten und Symbole heute oft unbekannt ist. Denn viele Menschen in Deutschland wissen

»Die Herkunft biblischer Geschichten und Symbole ist heute oft unbekannt.«

zwar noch, was eine Bibel ist. Häufig steht auch noch ein Exemplar im Bücherschrank als Familienerbstück oder als Geschenk. Doch damit ist nicht gesagt, wie oft dieser Band aufgeschlagen und gelesen wird. Das Spektrum reicht von der völligen Unkenntnis, über das gelegentliche Aufschlagen bis zu einer Vertrautheit, die der tägliche Gebrauch schafft.

Es ist ja auch nicht ganz einfach, mit einem inhaltlich so komplexen Buch umzugehen. Die Bibel kann nicht wie ein Roman vom Anfang bis zum Ende durchgelesen werden. Um sich in ihr zurechtzufinden, braucht man eigentlich so etwas wie eine Landkarte oder eine Gebrauchsanleitung. Unvorbereitet und unberaten aber legen viele die Bibel nach den ersten Versuchen wieder zurück und behalten den Eindruck, dieser voluminöse Band sei ein Buch mit sieben Siegeln.

1.3 Die sieben Siegel

Selbst die Redewendung von den sieben Siegeln stammt aus dem Buch der Bücher. Sie findet sich in der Offenbarung an Johannes (5,1–8,1), dem letzten Buch der Bibel. Dort erblickt der Schreiber, der Seher Johannes, eine versiegelte Buchrolle, die offensichtlich einen längeren Text enthält. Diese Rolle darf – wie es heißt – von keinem Menschen geöffnet werden, weil niemand die Vollmacht hat, ihre sieben Siegel zu öffnen.

Nur einer einzigen Gestalt soll das gelingen. Diese aber wird widersprüchlich und rätselhaft beschrieben: einerseits erscheint sie als Löwe aus dem Stamm Juda und andererseits als geschlachtetes Lamm. Diese zwei Beschreibungen verbinden Unvereinbares: Der Löwe gilt als König der Tiere und ist das Symbol der Macht. Das Lamm war dagegen das klassische Opfertier, ist also Sinnbild der absoluten Ohnmacht und des gewaltsamen Todes. Beide Symbole in einer einzigen Figur geben ein Rätsel auf, ja sprechen so etwas wie eine Geheimsprache. Die Lösung ergibt sich aus dem damals verbotenen Glauben an Jesus Christus, der in diesen Bildern ausgedrückt wird. Jesus Christus wird sowohl mit einem Lamm verglichen als auch mit einem Löwen. Das Lamm symbolisiert den gewaltsamen Tod Jesu. Der Löwe steht als Zeichen für die Auferstehung Jesu, also den Sieg über den Tod. Nur einer, der den Tod überwunden hat, ist imstande, die Siegel zu lösen und die Geheimnisse der Welt zu offenbaren, meint der Seher Johannes.

> »Nur einer, der den Tod überwunden hat, ist imstande, die Siegel zu lösen und die Geheimnisse der Welt zu offenbaren.«

Die Öffnung der sieben Siegel wird in der Offenbarung ausführlich geschildert. Damit beginnt eine Zukunftsschau voller Kriege und Katastrophen, also Erfahrungen, die die christlichen Gemeinden bereits gemacht haben und weiter fürchten müssen. Der Seher meint aber, das gegenwärtige und zukünftige Unheil könne man im Vertrauen auf diesen Herrn getrost überstehen. Der Glaube an den auferstandenen Christus helfe, das Leben und seine Geheimnisse zu »lesen«, zu verstehen und darum auch zu bewältigen.

Das Bild der Buchrolle mit den sieben Siegeln lässt sich auf die ganze Bibel übertragen, weil sie oft genug rätselhafte und geheimnisvolle Texte enthält, die gedeutet werden müssen. Diese Mühe lohnt sich, weil Leserinnen und Leser damit ein Lebens- und Glaubensbuch aufschlagen. Sie werden dabei regelmäßig an ihre eigenen Lebenserfahrungen erinnert und nach dem gefragt werden, was ihnen selbst heilig ist. Sie finden Antworten, die sich im Lauf des Lebens durch neue Erfahrungen erweitern und verändern, ja auch neue Fragen hervorrufen. Das aber hat auch Rückwirkungen auf das Verständnis biblischer Texte, die sich im Laufe des Lebens besser und tiefer erschließen. Dieses Verstehen kann ein unaufhörlicher Prozess zunehmender Erkenntnis sein.

Das Büchlein, das Sie nun in den Händen halten, sammelt eine Reihe von Fragen, die in christlichen Gemeinden und Kirchen immer wieder debattiert und kontrovers beantwortet werden. Es benennt Schwierigkeiten beim Bibellesen und soll Hinweise bieten, die helfen, die Bibel zu erschließen. Erste Informationen, Hinweise auf weiterführende Literatur und nützliche Internetadressen mögen anregen, sich selbst ein Bild zu machen und das Gespräch mit anderen Interessierten zu suchen.

Literaturhinweise

Christoph Dohmen, Die Bibel und ihre Auslegung. München ²2003
Jörg Rosenstock / Roland Rosenstock, Wie lese ich die Bibel? Neugier genügt. Bielefeld 2014
www.bibelwissenschaft.de/startseite

2 Die Bibel – das Buch der Bücher?

2.1 Woher kommt das Wort »Bibel«?

Zunächst war Byblos der griechische Name einer antiken Hafenstadt im heutigen Libanon. Sie entwickelte sich in der Antike zu einem zentralen Umschlagplatz für Papyrus, aus dem einzelne Blätter und ganze Rollen als Schreibmaterial hergestellt werden konnten. Da die Griechen den Rohstoff für dieses »Papier« aus Byblos bezogen, nannten sie den Stoff zum Beschreiben zunächst nach der Stadt »byblos«, bis schließlich jedes Schriftstück, Urkunden und ganze Bücher einschließlich ihres Inhalts als »biblos« oder »biblion« bezeichnet wurden. Davon wurde der Plural »biblia = Schriften/Bücher« gebildet und von Juden wie Christen zunehmend für ihre heiligen Schriften reserviert. So gewann »Biblia« allmählich den Sinn »Die Heilige Schrift«. In dieser Bedeutung wanderte das Wort aus dem Griechischen in die lateinische Sprache, aus der dann alle europäischen Sprachen das Lehnwort »Bibel« übernahmen. »Biblia / das ist / die gantze Heilige Schrifft Deudsch« hieß darum das Übersetzungswerk, das Martin Luther 1534 zum ersten Mal vollständig veröffentlichte. »Bibel« blieb jahrhundertelang ausschließlich der Name für das wichtigste Buch, die Heilige Schrift der Christen.

Die Liste der Bücher, die zur Bibel gehören, wird oft »Kanon« genannt. Der Begriff stammt ursprünglich aus dem

> »Byblos war der griechische Name einer antiken Hafenstadt im heutigen Libanon.«

Hebräischen, wo »Kanä« eine Messlatte oder ein Richtscheit beschreibt (Hes 40,3). Wenn heute eine MacBibel, eine FotoshopBibel oder »die Bibel aller Kochbücher« vorgestellt und beworben werden, dann erheben die Verfasser einen ähnlichen Anspruch. Sie wollen umfassend informieren und die Messlatte für einen Bereich des Lebens sein: Danach muss sich alles richten! Mehr brauchst du nicht!

> »Die Liste der Bücher, die zur Bibel gehören, wird oft ›Kanon‹ genannt.«

2.2 Welche Teile umfasst die christliche Bibel?

Ältere Bibeln hatten meist einen längeren Buchtitel und gaben damit etwas von ihrem Inhalt an: »Die Bibel oder die ganze Heilige Schrift des Alten und des Neuen Testaments«. Damit sind die beiden Hauptteile dieses einen Buches genannt, die nur zusammmen die ganze christliche Bibel darstellen, das Alte und das Neue Testament. Aber auch diese beiden Teile enthalten jeweils viele einzelne Schriften, die oft zunächst einzeln im Gebrauch waren. Deshalb ist die Bibel – genau betrachtet – eine Sammlung von Büchern.

> »Die Bibel ist – genau betrachtet – eine Sammlung von Büchern.«

Dass sie das *eine* »Buch der Bücher« ist, das mehr bedeutet als alle anderen Bücher der Welt, beschreibt die Erfahrung von Christen mit der Heiligen Schrift.

Das Alte Testament bilden 39 Schriften. Sie enthalten Glaubenszeugnisse, die für den jüdischen Glauben grundlegend sind. Dieser Teil der Bibel wird manchmal auch als Erstes Testament oder Hebräische Bibel oder im jüdischen Bereich mit dem Kurzwort »Tanakh« (Tenach) bezeichnet, weil er die Tora (= 1.–5. Buch Mose), die Nebiim (= die Prophetenbücher) und die Ketubim (= Schriften) zusammenfasst.

Sie entstanden über einen Zeitraum von 800 Jahren bis zur Mitte des zweiten Jahrhunderts v. Chr. Für Jesus, Paulus und die ersten Christen waren diese hebräischen Schriften die Bibel, in deren Schriftrollen sie lasen, deren Gebete sie sprachen, die sie auslegten und die die wesentlichen Elemente ihres Glaubens enthielt. Ihr Umfang, ihre Zählung und Reihenfolge wurden erst im Lauf der Jahrhunderte endgültig festgelegt. Da die einzelnen Schriftrollen teuer waren, besaßen ärmere jüdische und christliche Gemeinden im Altertum oft nur die wichtigsten Teile dieser Bibel.

> »Für Jesus, Paulus und die ersten Christen waren diese hebräischen Schriften die Bibel.«

Die Sammlung früher christlicher Schriften ergab einen zweiten Teil der Bibel, den nur Christen als Heilige Schrift anerkennen. Das Neue Testament enthält 27 christliche Schriften, die zwischen 50 und 150 n. Chr. entstanden, gelesen und weitergegeben wurden. Sie sind in einem längeren Prozess in der Alten Kirche gesammelt, geprüft und allmählich anerkannt worden. Ende des vierten Jahrhunderts n. Chr. stellten der Bischof Athanasius in Alexandria und eine römische Synode gleichlautend fest, welche Schriften zum Neuen Testament gehören – und welche nicht. Bis heute sind sie Grundlage des Glaubens für alle christlichen Konfessionen.

2.3 Die griechische Übersetzung des Alten Testaments und die Apokryphen

Zwischen dem Alten und dem Neuen Testament steht in vielen, aber nicht in allen evangelischen Bibelausgaben eine weitere Schriftengruppe, die sogenannten Apokryphen des Alten Testaments. Sie werden in der katholischen Kirche deuterokanonische Bücher genannt, weil sie erst nach einigen Zweifeln in den Kanon aufgenommen wurden; sie finden sich in allen katholischen Bibelausgaben.

Diese Apokryphen sind durchweg von jüdischen Autoren verfasst und waren zunächst in jüdischen Gemeinden in vorchristlicher Zeit und bis ins zweite Jahrhundert n. Chr. im religiösen Gebrauch, waren also für viele fromme Juden Bestandteil ihrer jüdischen Bibel. Diese allerdings war in ihrem Umfang noch nicht endgültig festgelegt, sondern war für ergänzende Bücher und Zusätze offen, die zu wesentlichen Teilen gar nicht mehr hebräisch verfasst waren, sondern in der damaligen Weltsprache Griechisch. Der Grund dafür war, dass seit mehreren Jahrhunderten v. Chr. große jüdische Gemeinden im griechischsprachigen Ausland lebten, vor allem in Ägypten. Da viele ihrer Gemeindeglieder kein Hebräisch mehr sprachen, schufen und nutzten sie die Übersetzung ihrer Heiligen Schrift in die griechische Umgangssprache. Weil daran der Sage nach über 70 Gelehrte beteiligt waren, benannte man diese Übersetzung seit 130 v. Chr. mit einem lateinischen Zahlwort Septuaginta, d. h. die Übersetzung der »Siebzig«.

So las man in den jüdischen und später in den christlichen Gemeinden außerhalb Palästinas das Alte Testament zumeist in der Fassung der Septuaginta, die die erste große literarische Übersetzung der Weltgeschichte war. Gegenüber der hebräischen Tradition wurde sie im Lauf der Geschichte erheblich erweitert. Zu den zusätz-

»Die Septuaginta war die erste große literarische Übersetzung der Weltgeschichte.«

lichen Schriften, den Apokryphen, gehören vor allem die Erzählungen von Judit und Tobit (Tobias), das Buch Jesus Sirach und die Weisheit Salomos, die ähnlich wie die Sprüche Salomos Lebensregeln sammeln. Das Buch Baruch und das erste und zweite Makkabäerbuch enthalten Themen der jüdischen Geschichte. Darüber hinaus wurden die griechischen Übersetzungen des Buches Esther und des Propheten Daniel durch zusätzliche Stücke zum ursprünglich hebräischen Wortlaut angereichert. So finden sich die berühmte Geschichte von Susanna im Bade oder der Gesang der drei Männer im Feuerofen nur in dieser erweiterten Fassung des Danielbuches.

Die Heilige Schrift, wie sie Jesus und seine ersten Anhänger kannten, lasen und auslegten, waren »Mose und die Propheten«, die »Schriften« oder »die Schrift«. Sie meinten damit die hebräischen Texte des Alten Testaments, wie sie in Galiläa und Judäa überliefert wurden. Doch schon kurz nach der Bildung der ersten christlichen Gemeinden verbreitete sich das Bekenntnis zu Jesus Christus in den griechischen Sprachraum, wo schon seit mehreren Jahrhunderten große jüdische Gemeinden lebten. Die dort z. T. aus den jüdischen Gemeinden kommenden Christen sprachen nicht mehr Hebräisch oder Aramäisch, sondern waren auf eine griechische Bibelübersetzung angewiesen. Die aber lag mit der Septuaginta bereits vor und wurde nun auch in den christlichen Gemeinden genutzt und überliefert.

Nach der Tempelzerstörung (70 n. Chr.) hat sich die jüdische Gemeinschaft zunehmend nur auf die hebräischen Texte konzentriert und sie allein für ihre Gemeinden zur Grundlage ihres Glaubens erklärt. Ein Grund dafür dürfte auch darin liegen, dass die Septuaginta zunehmend die Bibel der Christen wurde. Die christlichen Kirchen behielten diese, ihre erste Bibel, bei und überlieferten sie weiter. Doch welchen genauen Umfang die christliche Bibel haben sollte, welche Schriften dazu gehören und welche nicht als gleichrangig gelten dürfen, war im Lauf der Kirchengeschichte immer wieder strittig. In der Reformationszeit wurde dieses Problem erneut intensiv bedacht und schließlich auf evangelischer wie auf der katholischen Seite unterschiedlich geregelt.

> »Die Septuaginta wurde zunehmend die Bibel der Christen.«

2.4 Unterschiede zwischen evangelischen und katholischen Bibeln

Bis ins Mittelalter hinein gab es Unsicherheiten darüber, was zur Heiligen Schrift gehört und was nicht. Das bezog sich natürlich nicht auf den Kern, sondern auf Bücher, die eher am Rand standen. Beispielsweise ist immer wieder gefragt worden, ob die Sammlung von Liebesliedern im Hohenlied Salomos außer ihrem poetischen Wert auch noch eine theologische Bedeutung hat. Auch die Offenbarung an Johannes und der Hebräerbrief waren unter den neutestamentlichen Schriften in ihrer Bedeutung lange Zeit angefragt. Angesichts dieser Probleme entschieden sich die Reformatoren im 16. Jahrhundert, zwar alle 27 Schriften des Neuen Testaments aufzunehmen, aber als den ersten Teil der Bibel nur 39 hebräisch überlieferte Bücher als Altes Testament anzuerkennen. Das ist exakt der Umfang, der seit der Antike in den jüdischen Synagogen gilt, wenn auch mit anderer Zählung und Reihenfolge. Die sogenannten Apokryphen dagegen druckten die reformatorischen Kirchen nur als Anhang zum Alten Testament ab und ordneten sie zwischen Altem und Neuem Testament ein. Luther begründete diese Anordnung so: »Apokrypha: Das sind Bücher, die nicht der heiligen Schrift gleich gehalten und doch nützlich und gut zu lesen sind.« Die Einordnung dieser Schriften zwischen Altem und Neuem Testament gilt heute im Weltmaßstab auch für alle ökumenischen Bibelausgaben.

>>Apokrypha: Das sind Bücher, die nicht der heiligen Schrift gleich gehalten und doch nützlich und gut zu lesen sind.<<

Die katholische Kirche reagierte auf die reformatorischen Entscheidungen damit, dass sie letztlich 1546 den Umfang der lateinischen Bibel, der Vulgata, für verbindlich erklärte. Er umfasste auch die Apokryphen. Sie finden sich aber in katholischen und orthodoxen Bibelausgaben nicht separat, sondern werden in die Reihe der alttestamentlichen Bücher eingeordnet. Die Bücher Tobit und Judit werden mit den Makkabäerbüchern zu den Geschichtsbüchern gestellt, die Weisheit Salomos und das Buch Jesus Sirach zu den Weisheitsbüchern.

Einteilung des Alten Testaments in evangelischen Bibeln	
Geschichtsbücher	1.–5. Buch Mose (Genesis bis Deuteronomium), Josua, Richter, Ruth, 1./2. Samuel, 1./2. Könige, 1./2. Chronik, Esra, Nehemia, Esther
Lehrbücher und Psalmen (Poetische Bücher)	Hiob, Psalmen, Sprüche Salomos, Prediger Salomo, Hoheslied
Prophetenbücher	Jesaja, Jeremia, Klagelieder Jeremias, Hesekiel (Ezechiel), Daniel, Hosea, Joel, Amos, Obadja, Jona, Micha, Nahum, Habakuk, Zephanja, Haggai, Sacharja, Maleachi
Apokryphen	Judith, Weisheit Salomos, Tobias, Jesus Sirach, Baruch, 1./2. Makkabäer, Zusätze zu Esther, Zusätze zu Daniel, Gebet Manasses
Einteilung des Neuen Testaments in der Lutherbibel	
Geschichtsbücher	Evangelien nach Matthäus, Markus, Lukas, Johannes; Apostelgeschichte
Briefe	Briefe an die Römer, 1./2. Korinther, Galater, Epheser, Philipper, Kolosser, 1./2. Thessalonicher, 1./2. Timotheus, Titus, Philemon; 1./2. Petrusbrief, 1.–3. Johannesbrief, Brief an die Hebräer, Jakobusbrief, Judasbrief
Prophetisches Buch	Offenbarung an Johannes

2.5 Altes und Neues Testament – der Unterschied zum jüdischen Bibelverständnis

Immer wieder wurde in der Kirchengeschichte und bis heute die Frage aufgeworfen, warum nicht nur das Neue Testament, sondern auch noch das Alte Testament in der Kirche Geltung behalten sollte. Schon im zweiten Jahrhundert gab es eine große christliche Gruppe unter der Führung des Ketzers Markion (85–160 n. Chr.), die das Alte Testament nicht mehr als Heilige Schrift anerkannte. Sie waren der Meinung, das AT beschreibe einen zwar gerechten, aber unbarmherzigen Richtergott. Er habe die Welt aus schlechtem Stoff geschaffen, deswegen sei sie unvollkommen. Erst Jesus habe den unbekannten und vollkommenen Gott offenbart. Dieser habe das unerfüllbare alttestamentliche Gesetz abgeschafft und durch Jesus allen Menschen den Glauben an diesen guten Vatergott ermöglicht. Die Bibel des Markion bestand aus einem um alttestamentliche Anspielungen gekürzten Lukasevangelium und ähnlich bearbeiteten Paulusbriefen. Bis in die jüngere Vergangenheit sind die Thesen dieses Theologen immer wieder variiert und vertreten worden. Auch nationalsozialistische Kirchenvertreter haben sie für ihre antisemitischen Zwecke genutzt und die Bedeutung des Alten Testaments bestritten.

Gegen solche Positionen haben die christlichen Kirchen stets am Alten Testament festgehalten. Das ist umso erstaunlicher, weil weite Teile des Alten Testaments Bestimmungen enthalten, die Christen nicht mehr einhalten. Dazu kommen schreckliche Geschichten und Vorschriften, die die Vernichtung von Menschen aus religiösen Gründen berichten und billigen, etwa die Geschichte von der Rotte Korach in 4. Mose 16. Das führte dazu, dass man das Neue Testament als Buch von der Liebe Gottes gegen das Alte Testament als Buch des Gerichts und der Rache stellte. Doch auch im Neuen Testament finden sich fürchterliche Ankündigungen, die an Rachephantasien erinnern, etwa in Offb 19,17–21. Auch von Jesus wird die leicht missverständliche Äußerung überliefert: »Ich bin nicht gekommen, Frieden zu bringen, sondern das Schwert« (Mt 10,34). In jedem Fall müssen alle diese Texte genau gelesen, miteinander in den Gesamtzusammenhang der Bibel gestellt und auf dem Hintergrund des Glaubensbekenntnisses gedeutet werden.

»Das Alte Testament ist ein wesentlicher, unverzichtbarer Teil der christlichen Bibel.«

Das Alte Testament ist und bleibt ein wesentlicher, unverzichtbarer Teil der christlichen Bibel. Denn ohne sein Zeugnis könnten die Kirchen den Schöpfer des Himmels und der Erde nicht angemessen bekennen. Jesus selbst bezieht sich in seinen Gebeten, in der Verkündigung und in seinem Vertrauen auf den Gott Abrahams, Isaaks und Jakobs als unseren Vater im Himmel. Dieser hat Israel als sein Volk auserwählt und sich in der Geschichte Israels in der Offenbarung am Sinai, durch seine Taten und durch die Propheten offenbart. Der Gott der Väter war es, der nach christlichem Glauben Jesus von den Toten auferweckt und als seinen Sohn zu sich genommen hat. Was Jesus Christus durch seine Worte, seine Taten und durch seinen Tod und seine Auferstehung

»Was Jesus Christus bedeutet, kann man nicht verstehen ohne den elementaren Rückbezug auf die alttestamentlichen Texte.«

bedeutet, kann man nicht verstehen ohne den elementaren Rückbezug auf die alttestamentlichen Texte. Durch den Gottessohn, auf den sich der christliche Glaube beruft, ist eine Verbindung zur Geschichte des Gottesvolkes geschaffen. Wer diese auflöst, zerstört den christlichen Glauben.

Streit gab und gibt es vor allem in den christlichen Kirchen bis heute darüber, wie jüdischer Glaube und die jüdische Gemeinschaft zu bewerten sind. Sind sie durch die Kirche abgelöst worden, wie manche meinen, oder gilt der christliche Glaube nur für die früheren Heiden, während Juden die Erlösung nicht durch Jesus Christus erfahren werden? Sehr viele Christen und Theologen halten beide Extrempositionen aus guten Gründen für falsch. Sie gehen mit Paulus davon aus, dass die Treue Gottes unverbrüchlich allen gilt, denen sie einst verheißen wurde und die Abraham als ihren Vater im Glauben ansehen (Röm 4,12; 9,5). Der Apostel hofft und glaubt, dass »ganz Israel« und die »Vollzahl der Heiden« gerettet werden (Röm 11,25 f.). Doch wie das geschieht, bleibt Gottes Geheimnis, das wir Menschen jetzt nicht erfassen können.

> »Die Treue Gottes gilt unverbrüchlich allen, denen sie einst verheißen wurde.«

Allerdings lesen Christen das Alte Testament anders als fromme Juden. Sie sind geprägt durch ihr Bekenntnis zu Jesus Christus. Dieses begrenzt z. B. auch die Gültigkeit vieler alttestamentlicher Weisungen, die im Leben von Christen keine Rolle mehr spielen: Speisegebote und andere Reinheitsvorschriften bleiben glaubenden Juden vorbehalten. Inwiefern diese und andere Gebote auch für Christen einen guten und bedenkenswerten Sinn enthalten, gehört wiederum zur Auslegung biblischer Texte. Zum besseren Verständnis können gemeinsame Bemühungen von Juden und Christen helfen, wie sie etwa beim Kirchentag geübt werden.

Literaturhinweise

Karl-Wilhelm Niebuhr, Schriftauslegung in der Begegnung mit dem Evangelium, in: Friederike Nüssel (Hrsg.), Schriftauslegung, Themen der Theologie 8, Tübingen 2014, 43–103, besonders 54–69

Karin Schöpflin, Art. Kanon (AT), WiBiLex

http://www.bibelwissenschaft.de/stichwort/11768/

3 Die Bibel – Heilige Schrift, Gottes Wort?

3.1 Heilige Schriften

Heilige Texte und Heilige Schriften gibt es in vielen, wenn auch nicht in allen Religionen der Welt. Von den hinduistischen Textsammlungen, den Veden, bis zu dem amerikanischen Buch Mormon der »Kirche Jesu Christi der Heiligen der Letzten Tage«, vom arabischen Koran, der für Muslime das Wort Gottes ist, bis zu den Lehren des Laotse im chinesischen Taoteking lässt sich eine Fülle solcher Schriften nennen. Das muss Gründe haben, wenn in allen Erdteilen zu ganz verschiedenen Zeiten religiöse Überlieferungen festgehalten und überliefert wurden.

Heilige Schriften beschreiben Erfahrungen mit dem Heiligen, mit Gott. Sie deuten menschliches Leben und wollen Wege zeigen, die den einzelnen Menschen über seine individuellen Grenzen hinausführen. Denn jeder Mensch steht vor der Frage: Woher komme und wohin gehe ich? Was verbindet mein Leben mit den Menschen vor und nach mir? Reicht dieser Zusammenhang noch über ihren und meinen Tod hinaus? Nahezu alle Religionen und Weltanschauungen suchen Antworten auf solche Fragen. Sie beschreiben den Zusammenhang zwischen dem eigenen Leben, der Natur, der Familie, der menschlichen Geschichte, ja der ganzen Welt. Sie schildern den Einbruch bestürzender Erlebnisse, die alle scheinbaren Sicherheiten sprengen. Sie

> »Jeder Mensch steht vor der Frage: Woher komme und wohin gehe ich?«

lehren, über die eigenen Grenzen hinauszuschauen und sich so selbst besser zu verstehen. So wollen sie zu größerer Klarheit verhelfen und zu einem besseren Leben beitragen. Viele Menschen möchten die Grenzen des eigenen Lebens transzendieren, also überschreiten. Doch diese Überschreitung zielt auf Geheimnisse des Lebens, die sich nicht objektiv, naturwissenschaftlich entschlüsseln lassen, sondern die stets Erfahrungen des Nicht-Fassbaren,

»Viele Menschen möchten die Grenzen des eigenen Lebens transzendieren, also überschreiten.«

der Transzendenz, voraussetzen und deuten. Aus ihnen ergibt sich die Verantwortung, die Menschen für sich selbst, für ihr Leben und für ihre Umgebung übernehmen. Auch diese Überzeugungen, wem der Mensch Rechenschaft schuldet, entziehen sich einer objektiven wissenschaftlichen Betrachtung. Sie fordern notwendig eine subjektive Entscheidung und zielen auf persönliche Erfahrungen und Werturteile – jedenfalls dort, wo Menschen Religionsfreiheit haben und ihre tiefsten Überzeugungen frei ausbilden können.

Religionswissenschaftler klassifizieren Glaubensgemeinschaften danach, ob sie eine oder mehrere Heilige Texte haben oder nicht. Doch dieses Merkmal besagt für sich genommen noch nicht viel, weil der Gebrauch und die konkrete Bedeutung dieser Schriften sich von Religion zu Religion, ja auch innerhalb einer Religion erheblich unterscheiden können. Selbst innerhalb der christlichen Kirchen ist die Bedeutung der biblischen Texte von Konfession zu Konfession, Epoche zu Epoche und Person zu Person unterschiedlich beschrieben und erfahren worden. Die Rolle der Bibel hat sich in den Kirchen während der letzten 2000 Jahre immer wieder erheblich gewandelt. Das zeigt sich schon an wenigen Beispielen:

– In den christlichen Gemeinden und ihren Gottesdiensten hat es immer eine Auswahl von Bibelstellen gegeben. Die Texte, die den Kirchen besonders wichtig waren, wurden in den Gottesdiensten gelesen und immer wieder ausgelegt, andere dagegen weniger beachtet. Das gilt z. B. für einige Kultvorschriften im Alten Testament, die in christlichen Kirchen nicht mehr praktiziert wurden.

– Das Markusevangelium hat lange Zeit im Schatten des Matthäusevangeliums gestanden und wurde in der Kirchengeschichte eher wenig beachtet. Das kann überraschen, ist doch diese Schrift das früheste Evangelium.

– Eine häusliche oder sogar persönliche Bibellektüre außerhalb der Kirchen und Klöster wurde erst möglich, als vor 500 Jahren der Buchdruck die technischen Möglichkeiten dafür bot und mit der Reformation die Bibel verstärkt in die Volksprachen übersetzt wurde. Die von Martin Luther ins Deutsche übersetzte Bibel ist dafür das prominenteste Beispiel, das auch in anderen Ländern Schule machte. Innerhalb kurzer Zeit hat es erstaunlich viele Bibeln und Bibelteile im Privatbesitz gegeben. So konnten nicht nur die Priester, sondern auch Gemeindeglieder die Bibel lesen und sich ein eigenes Urteil bilden.

– Erst die pietistischen Bemühungen um billigere Bibeln für jedermann haben vor 300 Jahren die massenhafte Verbreitung gefördert. Erstmals in dieser Zeit wurden vollständige Druckplatten des gesamten Bibeltextes hergestellt, also ein »stehender Satz«. Die Lettern für die ersten Druckbogen wurden nicht mehr für die nächsten auseinandergenommen und wieder verwendet. Dazu warb Carl Hildebrand von Canstein (1667–1719) für den Bibelverlag der Franckeschen Stiftungen in Halle ein riesiges Kapital ein. Denn Blei war – nicht zuletzt durch seinen militärischen Gebrauch – teuer. Immerhin war durch solche Anstrengungen mindestens eine Familienbibel für fast jeden größeren Haushalt in Deutschland erschwinglich.

3.2 Die Bibel als Heilige Schrift im Unterschied zum Koran

Der Stellenwert der Bibel für den christlichen Glauben lässt sich gut beschreiben, wenn man ihn mit einer anderen bekannten Heiligen Schrift, d. h. mit der Bedeutung des Korans im Islam, vergleicht. Dabei können diese Unterschiede keine objektive Bewertung begründen, aber sie helfen, die jeweilige Eigenart klarer herauszustellen. Über die grundsätzliche Differenz hinaus müssten die Erläuterungen und Deutungen des Korans im Glauben frommer Muslime breiter ausgeführt werden. Doch dafür kann hier nur auf die umfangreiche Literatur zu diesem Thema verwiesen werden.

Für die Muslime ist der Koran das unmittelbare und unabänderliche Wort Gottes, das dem Propheten Muhammad offenbart wurde. Ein Urbuch, das sich wohlverwahrt bei Gott finden soll, ist der Ursprung der im Koran gesammelten Texte. Er ist die unnachahmliche, abschließende und wörtliche Offenbarung Gottes in (alt-)arabischer Sprache. Sie kann grundsätzlich nicht übersetzt werden, alle vorhandenen Übersetzungen sind lediglich un-

»Für die Muslime ist der Koran das unmittelbare und unabänderliche Wort Gottes.«

vollkommene Hilfsmittel und Beigaben zur Erschließung der Bedeutung des arabischen Textes. Insofern sehen Muslime den Wortlaut des Korans als unmittelbares, unerschaffenes Wort Gottes an, das der Prophet unverfälscht weitergegeben hat. Wer den Koran auswendig kann, gewinnt damit die besondere geistliche Würde eines »Hafiz« und wird oft zu den öffentlichen Rezitationen des Korans herangezogen.

> »Das Neue Testament selbst bezeichnet die Person Jesu Christi als Wort Gottes.«

Davon unterscheidet sich das am meisten verbreitete christliche Verständnis der Bibel grundsätzlich. Das Neue Testament selbst bezeichnet die Person Jesu Christi als Wort Gottes (Offb 19,13). Das Johannesevangelium beginnt mit den berühmten Worten:

Im Anfang war das Wort, und das Wort war bei Gott, und Gott war das Wort.

Wen diese Worte meinen, wird wenig später so ausgeführt:

Und das Wort ward Fleisch und wohnte unter uns, und wir sahen seine Herrlichkeit, eine Herrlichkeit als des eingeborenen Sohnes vom Vater, voller Gnade und Wahrheit.

In diesem »Wir sahen« nennen sich Zeugen dieser Offenbarung Gottes, die sich an andere Menschen wenden. Sie sollen eingeladen werden, sich in gleicher Weise auf Gott einzulassen, wie er in Jesus Christus sichtbar wurde. Diesen Ansatz des christlichen Glaubens kann man so erfassen, indem die Offenbarung Gottes in Jesus Christus unterschieden wird vom Offenbarungszeugnis der Bibel. Im 20. Jahrhundert hat die Barmer Theologische Erklärung von 1934 das so auf den Punkt gebracht: »Jesus Christus, wie er uns in der Heiligen Schrift bezeugt wird, ist das eine Wort Gottes, das wir zu hören, dem wir im Leben und im Sterben zu vertrauen und zu gehorchen haben« (These I). Dem entspricht die einleuchtende Lehre von drei Gestalten des Wortes Gottes, wie sie Karl Barth (1886–1968), einer der Verfasser des Barmer Bekenntnisses, geprägt hat:

a) Gott offenbart sich in Jesus Christus, dieser ist das Wort Gottes. An seiner Verkündigung, seinem Verhalten und seinem Geschick erweist sich, wer Gott für uns ist.

b) Die biblischen Texte als das »geschriebene Wort Gottes« bezeugen die geschichtliche Offenbarung an Israel und durch Jesus Christus.

c) Die Verkündigung als Christuszeugnis wirkt als das »verkündigte Wort Gottes« auf den heutigen Hörer und ist die gegenwärtige Bezeugung der Offenbarung.

Alles das geschieht in menschlicher Gestalt und in menschlichen Worten. Wir erhalten – so Paulus – den Schatz der Offenbarung »in irdenen Gefäßen« (2Kor 4,7). In der Bibel bezeugen Glaubende auf menschliche Weise ihre grundlegenden Erfahrungen mit Gottes Offenbarung. Diese Zeugnisse sind auf sachgemäße Auslegung und zusammenhängendes Verständnis angelegt und angewiesen. Der Reichtum des Glaubens an Jesus Christus lässt sich nicht in den Worten einer geschlossenen Lehre Jesu fassen. Es reicht auch nicht, sein Handeln und Verhalten gemeinsam mit seinen Worten zu bedenken. Denn nur mit seinem Geschick, das bedeutet mit seinem Leiden und Sterben, und mit der Auferstehungserfahrung der Jünger, ist die Person Jesu Christi zu erfassen.

> »In der Bibel bezeugen Glaubende ihre grundlegenden Erfahrungen mit Gottes Offenbarung.«

Der lebensbestimmende Eindruck, den er gemacht hat, lässt sich darum auch nicht auf eine einzige Weise schildern oder abbilden. Das kommt darin zum Ausdruck, dass im Neuen Testament vier ausführliche und verschiedene Erzählungen Jesus von Nazareth, seine Verkündigung, sein Wirken und sein Geschick schildern. Die vier Evangelien beleuchten verschiedene Seiten Jesu, in dem sich für Christen Gott endgültig gezeigt hat. Das schließt ein, dass sich durch die verschiedenen Evangelien nicht allein Unterschiede, sondern auch Widersprüche ergeben. So ist der Tag, an dem Jesus am Kreuz starb, im Johannesevangelium der »Rüsttag für das Passafest« (Joh 19,14). Die drei ersten Evangelien berichten dagegen, Jesus habe auch noch das Passamahl am nächsten Tag gefeiert (Mk 14,12 ff.). Das kann irritieren. Deswegen gab es seit dem zweiten Jahrhundert n. Chr. den Versuch, aus den unterschiedlichen Traditionen eine einheitliche und verbindliche Erzählung möglichst ohne Widersprüche zu formen und damit die vier Evangelien zu ersetzen. Der erste Versuch des Syrers Tatian im zweiten Jahrhundert hatte in der Kirchengeschichte Nachfolger bis in die Neuzeit hinein. Doch aus guten Gründen hat sich schon die alte Kirche dafür entschieden, das vielfältige Zeugnis der vier Evangelien zu bewahren und die Zeugnisse seines Wirkens und Geschicks nicht zu vereinheitlichen. Sie ist dabei geblieben, obwohl sie die Differenzen zwischen den Evangelien kannte. Doch diese stehen nach einhelliger Auffassung der christlichen Kirchen dem Glauben an Jesus Christus, durch den sich Gott offenbart hat, nicht im Wege. Sie sind im Gegenteil ein Beweis dafür, dass

>>Die vier Evangelien beleuchten verschiedene Seiten Jesu.<<

der Glaube an Jesus Christus verschiedene Perspektiven kennt und ermöglicht. Ebenso finden sich in den Briefen des Neuen Testaments Unterschiede und vermutliche Widersprüche. Auch diese verlangen eine Deutung und Bewertung, die sich auf Jesus Christus als Zentrum des Glaubens bezieht.

Der entscheidende Unterschied zwischen den Heiligen Schriften des Islam und des christlichen Glauben lässt sich so zusammenfassen: Der christliche Glaube sieht die Offenbarung Gottes an das Volk Israel und an die christliche Gemeinde in der Person Jesu Christi verkörpert. Im Islam stellt die Sammlung der einzelnen Offenbarungen Allahs an Muhammad im Koran das unmittelbare Wort Gottes dar.

> »Der christliche Glaube sieht die Offenbarung Gottes an das Volk Israel und an die christliche Gemeinde in der Person Jesu Christi verkörpert.«

3.3 Ist die Bibel Wort Gottes?

Einer der Streitpunkte innerhalb der christlichen Kirchen macht sich an der Frage fest, ob und wie die Bibel Wort Gottes ist. Die Antworten dazu fallen unterschiedlich aus, weil der Satz »Die Bibel ist das Wort Gottes« verschieden verstanden wird. Zwei extreme Positionen sollen hier als Beispiele folgen:

a) In der Interpretation der Verbalinspiration meint der Satz, dass jedes Wort, ja jedes Satzzeichen den Schreibern der Bibel von Gott durch den Heiligen Geist eingegeben wurde, also ohne Fehler ist. Diese Lehre ist ursprünglich von einigen evangelischen Theologen nach der Reformation entwickelt worden und wird bis heute von manchen christlichen Gruppen und Kirchen vertreten. Die Irrtumslosigkeit soll sich auch auf alle naturwissenschaftlichen, historischen und literarischen Angaben in der Bibel beziehen. Seit 1905 hat sich für solche Position die Selbst- und Fremdbezeichnung »Fundamentalismus« eingebürgert. Denn diese Richtung erklärte damals in den USA fünf Grundsätze zu ihren »fundamentals«. Die Irrtumslosigkeit der Bibel war der charakteristische erste Punkt dieser Basisentscheidungen, die seitdem immer wieder neu vertreten werden:

> »Da die Schrift vollständig und wörtlich von Gott gegeben wurde, ist sie in allem, was sie lehrt, ohne Irrtum oder Fehler. Wir verwerfen die Auffassung, dass sich die biblische Unfehlbarkeit und Irrtumslosigkeit auf geistliche, religiöse oder die Erlösung betreffende Themen beschränke und dass Aussagen im Bereich der Geschichte und Naturwissenschaft davon ausgenommen seien. Wir verwerfen ferner die Ansicht, dass wissenschaftliche Hypothesen über die Erdgeschichte mit Recht dazu benutzt werden dürfen, die Lehre der Schrift über Schöpfung und Sintflut umzustoßen.« (Chicago-Erklärung von 1978, Artikel 12).

Unverkennbar liegt damit ein Versuch vor, den eigenen Glauben gegen die Unübersichtlichkeit und Undurchschaubarkeit moderner Wissenschaften zu schützen. Der christliche Glaube wird so von moderner Weltwahrnehmung und Wissenschaft abgekapselt und soll angeblich einfacher und sicherer sein.

Doch dagegen erheben sich viele Einwände, von denen hier nur drei wesentliche genannt werden müssen: Einerseits wird die Bibel durch solche Thesen zum ersten Gegenstand des christlichen Glaubens und tritt – zwar nicht theoretisch, aber praktisch – an die Stelle des Glaubens an Gott, der sich in Jesus Christus offenbart hat. Andererseits verlangt diese Lehre, dass sich die menschliche Vernunft jedem einzelnen Satz in der Bibel unterordnen muss. Das ist schon deswegen un-

> »Durch solche Thesen wird die Bibel zum ersten Gegenstand des christlichen Glaubens.«

möglich, weil die biblischen Texte oft genug selbst von ihren Lesern klaren Verstand und vernünftige Unterscheidungen fordern (1Kor 10,15). Schließlich verkennt eine solche These, was der Anspruch des Neuen Testaments selbst bedeutet: Es ist »Urkunde der kirchengründenden Predigt« (Martin Kähler). Das ist Wert und Würde der Bibel. Wer mehr von ihr behauptet, verdeckt den Anspruch, mit dem die Bibel selbst gelesen und verstanden werden will.

b) Eine total entgegengesetzte Position zum Fundamentalismus vertritt Klaus-Peter Jörns, ein früherer Berliner Theologieprofessor. Jörns stellt die Geschichte der biblischen Texte in die Religionsgeschichte der Menschheit und ihre »Gedächtnisspuren« hinein. Zu ihnen gehören nicht-christliche heilige Texte und Rituale ebenso wie fremde Tempel und (Götter-)Bilder oder Musik und Tanz aus der ganzen Welt. Sie alle halten menschliche Begegnungen mit Gott in der Erinnerung fest, wenn auch in anderen Weltanschauungen und Religionen. Gott habe »sich auch in den anderen heiligen Schriften wahrnehmen lassen« (369). Dann muss man nicht nur anderen Religionen mit menschlichem Respekt und Selbstkritik der eigenen Kirche begegnen, sondern kann auch aus den verschiedenen religiösen Überlieferungen einen »Kanon aus den Kanons« bilden. So möchte Jörns die maßstabsetzenden heiligen Schriften verschiedener Religionen in Auswahl kombinieren. Zur Gestalt des Abraham in der jüdischen Tradition müsste dann auch die muslimische Überlieferung gestellt werden, zu den Evangelien die Äußerungen über Jesus Christus im Koran und die jüdische Messiashoffnung. Aber auch die religiösen Grundlagen der antiken griechischen Dramen und ägyptische Weisheitslehren über Gerechtigkeit als Lebensweg sollten in diesem neuen Kanon aufgenommen werden. Darüber hinaus sollen in dieser Sammlung »die großen Regeln für das Zusammenleben der Menschen und der Völker gehören« (372), offenbar also auch die neuzeitlichen Menschen- und Völkerrechte. Klaus-Peter Jörns: »Die christliche Bibel als alleinige Basis des Glaubens ansehen zu wollen, läßt sich nicht halten. ... Sie ist Dokument einer weitläufigen Kommunikation von Glaubenserfahrungen und Wahrnehmungen Gottes; und trotzdem ist sie nur ein Segment im Spektrum des durch die Religionen *gebrochen* wahrgenommenen göttlichen Lichtes« (168). Gegen diese Position sprechen viele Gründe:

a) Sie will zum einen objektiv sein und sozusagen von oben herab alle Religionen gleichmäßig beurteilen und jeweils das Gute in ihnen anerkennen. Das aber verlangt ein göttliches Urteilsvermögen, das in dieser Form kein Mensch hat. Zur Redlichkeit von Wissenschaft und Überzeugungen gehört, dass ich meinen eigenen, menschlich begrenzten Horizont bestimme und meinen inhaltlichen Maßstab ausdrücklich darstelle. Erst dann wird für andere sichtbar, was für mich heilig und unantastbar ist, die Autorität, der ich mich unterstelle. So können andere verstehen, wenn auch nicht zwangsläufig anerkennen, wie ich Überzeugungen beurteile. Zu den notwendigen Klärungen gehören auch die Gründe der Ablehnung von Weltanschauungen und ihren Menschenbildern, etwa wenn sie das Böse im Menschen nicht angemessen erfassen können. Das darf sich aber nicht – wie bei Jörns – nur auf die sogenannte germanische Religion der Nazis beziehen, sondern betrifft auch andere Menschenbilder und Weltanschauungen wie den Fortschrittsoptimismus der marxistisch-leninistischen Weltanschauung.

b) Zum Zweiten kombiniert sich Jörns eine eigene subjektive Religion, die möglichst viele Elemente anderer Religionen integrieren will. Das klingt für viele seiner Leserinnen und Hörer sympathisch, wie die Verkaufszahlen dieser Bücher belegen. Doch alle Erfahrungen der Religionsgeschichte beweisen, dass die Vereinigung von Religionen durch ihre Mischung immer zur Bildung ganz neuer Religionsgemeinschaften führte, aber niemals den erstrebten Ausgleich erzielte. So wollte Baha'ullah (1817–1892), der Gründer der Bahai-Religion, das Gute aus den großen Weltreligionen in seiner Bewegung vereinen. Er griff auf die Heiligen Schriften der großen Weltreligionen zurück. Aber eine Vereinigung von Judentum, Christentum und Islam gelang ihm nicht, sondern es entstand eine neue Religionsgemeinschaft.

c) Ein Maßstab, ein Schriftenkanon oder ein Recht ist immer auf eine Gemeinschaft angewiesen, die diese als Verpflichtung für sich ansieht. Eine willkürlich geänderte Heilige Schrift aber verliert ihr entscheidendes Merkmal: ihre unbedingte Gültigkeit. Das gilt für die Bibel wie für den Koran und alle anderen religiösen Texte. Ihre Anerkennung setzt voraus, dass in ihnen das Unverfügbare begegnet. Darüber aber darf vom Einzelnen nicht willkürlich verfügt werden.

d) Die Bibel als das Zeugnis der grundlegenden Gotteserfahrungen von Juden und Christen lässt sich nur dann mit der Weisheit anderer Religionen kombinieren, wenn man sie auf wenige humane Grundsätze reduziert. Es ist kein Zufall, dass Klaus-Peter Jörns das Leiden und Sterben Jesu wie seine Auferstehung aus dem gemeinsamen Bestand an Überzeugungen ausklammern möchte. Damit aber sind wesentliche Gehalte und Hoffnungen des christlichen Glaubens und wichtige Einsichten über den Menschen aufgegeben.

Wenn also die Bibel weder mit dem unmittelbar wirkenden Wort Gottes gleichgesetzt, noch das Wort Gottes aus den Schriften verschiedener Religionen zusammengestellt werden kann, bleibt die Frage, in welchem Verhältnis Wort Gottes und Bibel zueinander stehen. Wir gehen für die Antwort von dem aus, was oben bereits dargestellt wurde: Das Neue Testament selbst versteht Jesus Christus als Wort Gottes, als die Zuwendung Gottes zum Menschen (Joh 1; Offb 19,13). Diese Liebe Gottes sollte weiter erfahren, also glaubhaft verkündigt werden. In der Verkündigung wirkt Gott selbst, wie Paulus überzeugt ist, denn auch die Verkündigung ist Gottes Wort (1Thess 2,13). Dieses Vertrauen zum barmherzigen Vater Jesu predigen die Schriften des Neuen Testaments. Sie hatten sich einzeln in den christlichen Gemeinden als gottesdienstliche Lesung bewährt, ehe sie im Kanon des Neuen Testaments gesammelt und von anderen frühchristlichen Schriften getrennt wurden. Da wir heute keinen anderen Zugang zu den Worten, dem Wirken und dem Schicksal Jesu haben, sind wir prinzipiell auf diese Erfahrungen und Zeugnisse der ersten Christen angewiesen. Ihr biblisches Zeugnis ist unersetzlich und umfasst ebenso das Alte Testament. Denn auf dessen Zeugnis baut die christliche Botschaft auf. Darum haben Karl Barth und andere die ganze Bibel als das geschriebene Wort Gottes bezeichnen und würdigen können. Doch das geschriebene Wort Gottes war einmal mündliche Predigt und

»Wir sind prinzipiell auf die Erfahrungen und Zeugnisse der ersten Christen angewiesen.«

hat im Lauf der Kirchengeschichte immer wieder die aktuelle Predigt begründet, angeregt und notwendig gemacht. Ohne das jetzt verkündigte Wort Gottes bleibt die Bibel ohne Wirkung. Mit dem Wort Gottes meinen wir also einen Prozess, in dem einzelne Menschen sich erkennen, wie sie von Gott gemeint sind, wie sie von ihm und seinem Willen abweichen und wie Gott sich ihrer wieder erbarmt. Dieses gelingt in aller Regel am besten in der Gemeinde, in der nach dem gemeinsamen Verständnis biblischer Texte gesucht und auch darum gerungen werden kann.

3.4 Der Missbrauch biblischer Texte – die Versuchungsgeschichte Jesu als Beispiel

Nähme man die Bibel als eine Art Gesetzbuch, in dem jeder Satz in gleicher Weise gültig wäre, ergäben sich für viele Probleme widersprüchliche Lösungen. Ja, entschiedene Gegner könnten sich bei ihrem Kampf gegeneinander in ähnlicher Weise auf die Bibel berufen und haben es im Lauf der Kirchengeschichte auch weidlich getan. Dem entspricht, dass die Gefahr der Instrumentalisierung des Heiligen in jeder

Religion und in jeder Weltanschauung besteht. Es gehört offenbar zum Menschen, dass er auch noch das Kostbarste und Heiligste zu seinen eigenen, oft unmenschlichen Zwecken nutzt.

Das Problem des Missbrauchs biblischer Texte kannten bereits die ersten Christen, wie die Versuchungsgeschichte beweist, die im Matthäus- und im Lukasevangelium überliefert ist (Mt 4,1–11). Sie schildert einen Disput zwischen dem Satan und Christus. Auf die erste Versuchung, Steine zu Brot zu machen, antwortet Christus mit dem berühmten Satz: »*Es steht geschrieben: Der Mensch lebt nicht vom Brot allein, sondern von einem jeden Wort, das aus dem Mund Gottes geht*« (Mt 4,4). Hier wird ein Zitat aus 5 Mose 8,3 als Argument gegen eine satanische Versuchung gewendet. Im zweiten Gesprächsgang fordert der Teufel Jesus Christus zu einer Mutprobe auf. Wenn er denn der Sohn Gottes sei, solle er sich von der Zinne des Tempels stürzen. Gott müsste ihn dann ja durch seine Engel auffangen und retten. Der Versucher nutzt dabei dasselbe Argument, das er zuvor in der Antwort Jesu hörte: Er begründet die Mutprobe ebenfalls ausdrücklich mit Worten der Heiligen Schrift: »… denn es steht geschrieben …«. Was er dann zitiert, sind Worte aus Psalm 91. Sie gehören seit den ältesten Zeiten zum Abendgebet von Juden und Christen. Manche glaubten damals, Teufel und Dämonen hätten für den folgenden Tag keine Macht über sie, wenn sie diese Psalmworte gebetet hätten. Interessant ist die zweite Antwort des Gottessohnes: *Da sprach Jesus zu ihm: Wiederum steht auch geschrieben:* »*Du sollst den*

> »Das Problem des Missbrauchs biblischer Texte kannten bereits die ersten Christen.«

Herrn, deinen Gott, nicht versuchen« (Mt 4,7). Diese Antwort kommt nicht durch eine Stimme vom Himmel oder durch einen Engel, der den Satan vielleicht sogar mit Gewalt in seine Schranken weisen und besiegen könnte. Der Sohn Gottes setzt gegen den Missbrauch den schlichten, aufrichtigen Gebrauch der biblischen Worte.

Daraus wird so viel deutlich: Dieser aufregende und wichtige Text ist eine Art Bild oder Gleichnis und fasst vielfältige Erfahrungen zusammen, die Glaubende immer wieder machen. Der Streit zwischen Satan und Christus ist kein einmaliger Akt, sondern findet immer wieder statt. Doch gegen den satanischen Gebrauch des Bibelwortes gibt es keine bessere Gegenwehr als das redliche Bemühen um das sinngemäße Verständnis der Bibel. Jesus erweist sich darin als Sohn Gottes, dass er das geschriebene Wort Gottes im konkreten Konflikt mündlich zur Geltung bringt. Das gilt für alle, die sich auf die Bibel berufen wollen. Ohne den aktuellen Bezug, die sinngemäße Auslegung und den selbstkritischen Gebrauch ist die Schrift toter Buchstabe und nicht das »Wort Gottes«.

In der Versuchungsgeschichte haben sich gute und schlimme Erfahrungen frommer Menschen niedergeschlagen. Sie fanden ihr Gottvertrauen in den biblischen Texten. Sie kannten aber auch den teuflischen Streit in den eigenen Reihen und mit anderen Frommen. Sie erkannten und drückten in dieser Geschichte aus, dass kein Mensch über die göttliche Wahrheit verfügen kann und darf. Es wird immer darauf ankommen, demütig und selbstkritisch zu hören und zu suchen, was Gott jetzt von uns will und wo er jetzt spricht.

3.5 Ein Kompass für das Verstehen der Bibel

Die Versuchungsgeschichte zeigt nicht nur den möglichen Missbrauch der Bibel auf, sondern hilft auch zwischen einem selbstsüchtigen und einem verantwortlichen Gebrauch zu unterscheiden. Doch auch, wer sich an der Bibel orientieren will, wird fragen, woran er denn den richtigen Umgang mit den Unterschieden in der Bibel erkennen kann. Angesichts der Fülle z. T. grausamer und verstörender Bibeltexte braucht es so etwas wie einen Kompass. Darum hat Martin Niemöller (1892–1984) sich und andere regelmäßig gefragt: »Was würde Jesus dazu sagen?« Zur Klärung der eigenen Haltung kann diese Frage sehr hilfreich sein, weil sie an Person und Botschaft Jesu erinnert, an seine Feindesliebe, an die Mahnung: »*Eure Rede sei: Ja, ja, nein, nein*« (Mt 5,37) oder an die Warnung vor dem selbstgerechten Richten. Die schlichte Frage erweist sich vor allem dort als nützlich, wo es um das richtige Handeln, die ernsthafte Gewissensprüfung und den Einsatz für benachteiligte Menschen geht. Doch die Testfrage bezieht sich vorwiegend auf Reden und Handeln Jesu, erinnert aber nicht an Sterben und Tod Jesu und an Erfahrung der Auferstehung. Das Eingreifen Gottes, die Überwindung des Todes, kennzeichnet jedoch Gottes Gnade trotz aller erfahrenen Ungerechtigkeit und Unmenschlichkeit in besonderer Weise. Ohne das Leiden und die Auferweckung Jesu lässt sich der christliche Glaube nicht angemessen erfassen.

Darum hilft bis heute der Maßstab weiter, den Martin Luther für das Lesen und Verstehen der Bibel gesetzt und in

»›Was würde Jesus dazu sagen?‹ Zur Klärung der eigenen Haltung kann diese Frage sehr hilfreich sein.«

eine Kurzformel gebracht hat: Ziel und Inhalt der ganzen Bibel ist, »was Christum treibet«. Alles, was in der Bibel steht, soll an ihm gemessen und beurteilt werden. Was davon wegführt, kann und muss kritisch betrachtet werden. So ist die moderne Frage: »Was würde Jesus dazu sagen?« eingeschlossen; aber es muss darüber hinaus die Frage gestellt werden: Was tut Gott für uns, was hat er für uns getan? Das aber können Christen nur mit dem Hinweis auf den Gesandten Gottes, den Gesalbten (= den Christus) Gottes, ausdrücken. Martin Luther 1522 schreibt in der Vorrede zum Jakobus- und Judasbrief:

> »Auch ist das der rechte Prüfstein alle Bücher zu tadeln: Wenn man sieht, ob sie Christum treiben oder nicht. Sintemal alle Schrift Christum zeiget (Röm 3). Und Sankt Paulus nichts denn Christum wissen will (1Kor 2). Was Christum nicht lehrt, das ist noch nicht Apostolisch, wenn's gleich Sankt Petrus oder Paulus lehrt. Wiederum, was Christum prediget, das wäre Apostolisch, wenn's gleich Judas, Hannas, Pilatus und Herodes täte.«

Diesen kritischen Maßstab legte Luther an alle biblischen Bücher an, also an das Alte wie das Neue Testament. Das hatte praktische Folgen, die wir bis heute an der Lutherbibel erkennen können. Einerseits trennte er die Apokryphen von den hebräischen Schriften des Alten Testaments. Andererseits ging der Reformator so weit, dass er im Neuen Testament zwei Bücher, den Hebräerbrief und den Jakobusbrief, aus der üblichen Reihenfolge ausgliederte und zusammen mit dem Judasbrief und der Offenbarung an Johannes ans Ende des Neuen Testaments stellte. Damit war eine klare

»Ziel und Inhalt der ganzen Bibel ist, ›was Christum treibet‹.«

Rangfolge verbunden, da er diese vier Schriften auch nicht in seine fortlaufende Zählung aufnahm. In seiner Vorrede zum Neuen Testament von 1522 brachte er seine Hochschätzung und seine Kritik zugespitzt so zum Ausdruck:

> »Summa, Sankt Johannis Evangelium und seine erste Epistel (Brief), Sankt Paulus Episteln, sonderlich die zu den Römern, Galatern, Ephesern, und Sankt Peters erste Epistel, das sind die Bücher, die dir Christus zeigen und alles lehren, was dir zu wissen not und selig ist, obschon du kein ander Buch noch Lehre nimmer sehest noch hörest. Darum ist Sankt Jakobs Epistel eine recht stroherne Epistel gegen sie, denn sie doch keine evangelische Art an sich hat.«

Später hat Luther dieses harte Urteil abgemildert und anerkannt: dass »viel guter Sprüche sonst darinnen sind«. In diesen Urteilen zeigt sich die anspruchsvolle Aufgabe, die Gemeinden und Theologen bis heute haben: Die Bibel soll auf diese Mitte hin gelesen und von ihr her verstanden werden. Einzelne Bibelverse und Gebete, wie das Vaterunser oder Psalm 23 können im persönlichen Glauben für dieses Ganze stehen. Sie bündeln für viele Christen die Zusagen Gottes und erweisen sich so als sein lebendiges und helfendes Wort.

Zusammenfassend lässt sich sagen, dass die Bibel sich als Heilige Schrift erweist, weil sie Jesus Christus als die Offenbarung Gottes bis heute bezeugt. Durch ihn wird die Offenbarung an das Volk Israel bekräftigt. Das aktuelle christliche Zeugnis, das das Wirken des Heiligen Geistes voraussetzt, bleibt angewiesen auf das Offenbarungs- und Glaubenszeugnis der biblischen Schriften.

Literaturhinweise

Hartmut Bobzin, Der Koran. Eine Einführung, München [6]2006

Martin Kähler (Ernst Kähler Hrsg.), Aufsätze zur Bibelfrage, Berlin/München 1967

Jörg Lauster, Schriftauslegung als Erfahrungserhellung, in: Friederike Nüssel (Hrsg.), Schriftauslegung, Themen der Theologie 8, Tübingen 2014, 179–206

Ulrich Luz, Das Evangelium nach Matthäus (Mt 1–7). Evangelisch-Katholischer Kommentar zum Neuen Testament I/1, Neukirchen [5]2002, 218–231

4 Wie finde ich mich in der Bibel zurecht?

4.1 Lesen in der Bibel von A–Z?

Die Bibel enthält eine Fülle sehr verschiedener Texte; das lockt zum Blättern und erschwert gleichzeitig den Überblick. Sie enthält eine lange Reihe fesselnder Geschichten, einleuchtender Lebensregeln und eindrücklicher Gebete, doch es bleibt ein Problem: Wie finde ich mich in dieser Bibliothek zurecht? Sicher hilft es, die Reihenfolge der biblischen Bücher auswendig zu lernen, wie es früher in der Schule oder im Konfirmandenunterricht Pflicht war. So kann man schneller eine bestimmte Stelle aufschlagen, aber das ersetzt keinen Überblick und keinen Reiseführer durch das Buch der Bücher.

Darum werden für Kinderbibeln gern die spannenden Erzählungen ausgesucht, die die Welt der Bibel für jüngere Leser erschließen. So können junge Leser mit angehaltenem Atem verfolgen, wie sich Josef unter seinen großen Brüdern unbeliebt macht und von ihnen in die Sklaverei verkauft wird. Doch nach vielen weiteren Abenteuern bewahrt er als Minister ganz Ägypten und am Ende seine eigene Familie vor einer Hungersnot. Helden wie David tauchen auf, der als kleiner Hirte den Riesen Goliath besiegt. Auch die Geschichten von Adam und Eva, von Noah und Abraham, von Mose und schließlich von Jesus werden in diesen kindgemäßen Ausgaben nacherzählt. Schwer verständliche oder langweilige Teile fallen aus einer solchen Auswahl heraus.

Doch die Bibel ist kein Kinderbuch. Wer also die alten Texte selbst lesen und sich ein eigenes Urteil bilden will, wird eine vollständige Bibel zur Hand nehmen müssen. Dabei stehen alle, die dort nicht nur einzelne Passagen suchen, irgendwann vor der Frage, ob sich die Bibel vom Anfang bis zum Ende hintereinander lesen lässt.

»Die Bibel ist kein Kinderbuch.« Zwar setzt das Alte Testament mit Schöpfungserzählungen ein, also mit Adam und Eva, und das Neue Testament schließt mit dem Ende dieser Welt und der Vorausschau auf die neue Schöpfung Gottes, wie sie die Offenbarung an Johannes schildert. Doch so systematisch, wie Anfang und Schluss es erscheinen lassen, geht es in dieser Bibliothek nicht zu. Nach den bekannten und aufschlussreichen Erzählungen im sogenannten ersten bzw. zweiten Buch Mose, die sich gut hintereinander lesen lassen, folgen im dritten und vierten Buch Mose viele Opfer-, Bau- und Reinheitsvorschriften, die sich zur fortlaufenden Lektüre kaum eignen. Wer auf eigene Faust zu privaten Erkundungen aufgebrochen ist, wird spätestens dort überlegen müssen, ob er einfach weiterliest oder mehrere Seiten überspringt. Sehr eindrucksvolle ethische Gebote sind zwar dort auch vermerkt (z. B. in 3 Mose 19), aber es ist doch leichter, wenn man sich den Reichtum dieser Bibliothek systematischer erschließt.

Für bestimmte Themen gibt es in einigen Bibeln, etwa in der Lutherbibel, Hinweise auf Texte, die eine besondere Bedeutung haben. Sei es, dass sie die Grundlage für die Feste des Kirchenjahres wie Weihnachten, Ostern, Himmelfahrt und Pfingsten sind; sei es, dass sie auf zentrale Gebete wie das Vaterunser oder wichtige Jesusworte hinweisen, sei es, dass sie bekannte Geschichten wie die vom verlorenen Sohn oder von David und Bathseba auflisten. Diese Angaben könnten zugleich eine Auswahl für das erste Kennenlernen wichtiger Bibeltexte darstellen. Für Interessenten stellen Bibelverlage auch sogenannte Jahresbibeln (www.die-jahresbibel.de) zur Verfügung, die mit einem Lesevorschlag durch die wichtigsten Texte der Bibel führen wollen. Ähnliche Programme sehen dafür mehrere Jahre vor. Sie werden in Deutschland vor allem von der Ökumenischen Arbeitsgemeinschaft für Bibellesen (http://www.oeab.de/) entworfen und sind gleichfalls im Internet abrufbar. Elektronische Bibelausgaben, die es z.B. für Smartphones gibt, sind dann besonders hilfreich, wenn man wissen will, was in einem bestimmten Kunstwerk dargestellt, in einem Drama behandelt oder in einem Oratorium besungen wird. Mit charakteristischen Namen wie »Bileam« oder »Potiphar« kommt man schnell zu den Erzählungen, die in vielen bedeutenden Gemälden dargestellt wurden. Früher musste man für diese Suche nach Bibelstellen gesonderte Nachschlagewerke benutzen, sogenannte Konkordanzen. Heute führt die Suchfunktion schnell durch Bibeln im Internet oder durch den gespeicherten Text im eigenen Computer.

4.2 Glaubensüberzeugungen in der Bibel am Beispiel der Schöpfungserzählungen

Die biblischen Texte sperren sich oft dem schnellen Lesen. Sie verlangen ein Nachdenken und Mitdenken, gerade weil sie Glaubenserfahrungen zusammenfassen und weitergeben wollen. Das kann Fragen an die eigenen Erfahrungen auslösen. Außerdem lässt sich vieles Befremdliche, Widersprüchliche und Erschreckende erst verstehen und einordnen, wenn man den größeren biblischen Zusammenhang erkennen und verstehen kann.

Als Beispiel sollen die ersten Kapitel der Bibel über die Schöpfung dienen. Auch ohne Hebräischkenntnisse und ohne theologische Schulung sieht ein unbefangener Leser, dass die Schöpfung der Welt und des Menschen zweimal nacheinander geschildert wird. Beide Erzählungen lassen sich zunächst nicht miteinander vereinbaren, jedenfalls dann, wenn man sie als realistische Wiedergabe der Weltentstehung lesen möchte. Denn die Reihenfolge der Schöpfungsakte wird entgegengesetzt geschildert. In 1 Mose 1 schafft Gott Himmel und Erde, den Kosmos, Pflanzen und Tiere, aber erst zum Schluss, am sechsten Tag der Schöpfungswoche, den Menschen als Mann und Frau. Umgekehrt beginnt in 1 Mose 2,4 eine ganz andere Darstellung, in der Adam, der Mensch, als erstes geschaffen wird und erst nach ihm Pflanzen und Tiere entstehen. Dieser Widerspruch fällt nicht erst modernen Lesern auf. Ihn haben auch die Glaubenden damals bemerkt. Doch sie haben in beiden Erzählungen ihre eigenen tiefen Überzeugungen wiedererkannt und sie darum gezielt so zusammengestellt. Sie wussten genauso gut wie wir heute, dass die Texte nicht als Protokoll der Menschwerdung gemeint sind. Wohl aber war ihnen wichtig, dass die zentrale Botschaft beider Texte dieselbe ist. Ob der Mensch als Letzter erscheint oder als Erster, in beiden Fällen gebührt ihm ein Vorrang vor allen anderen Geschöpfen. Er ist der einzige, den der Schöpfer nicht nur segnet, sondern den er anredet. In beiden Texten wird damit der Mensch verantwortlich gemacht, weil er eine Sprache

> »Die Schöpfung der Welt und des Menschen wird zweimal nacheinander geschildert.«

hat, mit der er auf Gottes Anrede antworten kann. Ihm wird die Natur anvertraut, mit der er sorgfältig und schützend umzugehen hat. Es lassen sich noch weitere Punkte finden, in denen die beiden Schöpfungsberichte in der Sache trotz ihrer Differenzen übereinstimmen. In beiden Fällen sind z. B. Mann und Frau grundlegend aufeinander angewiesen, obwohl die damalige Kultur Frauen den Männern unterordnete. Diese Übereinstimmungen trotz sehr verschiedener Weltbilder haben dazu geführt, dass beide Texte zusammengestellt und gemeinsam überliefert wurden. Beide sollten und konnten auf ihre Weise den Schöpfer loben und ausdrücken, wie Menschen vor Gott und zueinander stehen. Damit wird auch deutlich, welche Verantwortung sie füreinander und für die Welt haben, in der sie leben. Viele Generationen hat das zum Nachdenken bewogen, was an diesen Schöpfungserzählungen wichtig und unaufgebbar ist. Zugleich wird in solchen Textvergleichen sichtbar, warum das Gottvertrauen kaum anders als in Bildern und Vergleichen ausgedrückt werden kann. Das gilt übrigens auch für jede andere Weltanschauung, in der Menschen ihr Verhältnis zu sich selbst, zu ihren Mitmenschen, zur Natur und zum Ganzen der Wirklichkeit bestimmen.

> »Gottvertrauen kann kaum anders als in Bildern und Vergleichen ausgedrückt werden.«

4.3 Lesen und Verstehen: Der Kämmerer aus Äthiopien – ein Beispiel für Bibelerklärung

Kein Mensch kann für sich allein leben und seine Welt verstehen. Das gilt auch für den christlichen Glauben und die Bibel. Man versteht sie besser, wenn man andere fragen und sich mit ihnen austauschen kann. In christlichen Familien wachsen Kinder mit den biblischen Geschichten auf, ehe sie selbst anfangen zu lesen. Wenn Jugendliche und Erwachsene erst später in ihrem Leben einen Zugang zur Kirche und zum Glauben finden, dann haben ihnen andere Menschen den Weg gezeigt und ein Verständnis dafür ermöglicht. Immer aber gilt die Erfahrung: Bibeltexte lassen sich leichter begreifen, wenn sie im Gespräch befragt und erläutert werden können.

»Bibeltexte lassen sich leichter begreifen, wenn sie im Gespräch befragt und erläutert werden können.«

Schon die Bibel selbst erzählt eine solche Geschichte aus den ersten Tagen der Christenheit (Apg 8,26–39). Darin wird ein äthiopischer Minister beschrieben, der von einer Art religiöser Erkundungsreise aus Jerusalem in seine afrikanische Heimat zurückkehrt. In der Stadt des jüdischen Tempels hatte er sich eine kostbare Buchrolle des damals bekanntesten und wichtigsten Propheten Jesaja gekauft. Auf dem Heimweg liest er laut in diesem Buch, so wie es damals üblich war. Philippus, ein christlicher Missionar, nähert sich dem Wagen, hört das laute Lesen und fragt: *Verstehst du auch, was du liest? Er aber (der Minister) sprach: Wie kann ich, wenn mich nicht jemand anleitet?* So steigt Philippus auf den Wagen und beginnt ein längeres Gespräch über einen Jesaja-Text, der dem ausländischen Leser nicht verständlich war. Es geht um eine Passage, in der auf einen leidenden Gottesknecht hingewiesen wird (Jes 52,13–53,12). Dazu stellt der Äthiopier eine Frage, um deren zutreffende Antwort bis heute in der Wissenschaft gestritten wird: *Ich bitte dich, von wem redet der Prophet das, von sich selber oder von jemand anderem?* Die Antwort des Philippus wird dann nicht mehr wörtlich angeführt, sondern nur berichtet, er habe das Evangelium von Christus gepredigt. Gemeint ist, dass er das Leiden und Sterben Jesu als den Opfertod eines gerechten Gottesknechtes deutet. Damit aber stellen sich ihm Fragen und Probleme, die auch uns ein ganzes Leben lang verfolgen können: Wie kommt es, dass Menschen das Beste wollen und doch abgrundtief dem Bösen verfallen? Gibt es Möglichkeiten, diesem Kreislauf des Bösen und der Vergeltung zu entkommen? Philippus verweist für diese Fragen auf das Bekenntnis zu Jesus Christus, der sich dem Leid und dem Tod aussetzt und so Versöhnung mit Gott und den Mitmenschen bewirkt hat.

Die Apostelgeschichte arbeitet hier mit einer Kurzformel des Glaubens. Sie fasst in knappster Form zusammen, was in den Gemeinden wieder und wieder erlebt und bedacht wurde. Auch die Christen damals erlebten ihrerseits Verfolgungen und kannten die Aufforderung Jesu, für die Feinde zu beten. Das aber fällt keinem Menschen leicht. Es ist und bleibt bis heute ein Thema, das immer neu bedacht, erlitten und begriffen werden muss.

So ist die Geschichte von dem Kämmerer aus Äthiopien ein Beispiel dafür, dass das persönliche Lesen in der Bibel leichter fällt und mehr erbringt, wenn man im Gespräch mit anderen Einsichten und Erfahrungen zusammentragen, aber auch Zweifel besprechen kann.

Literaturhinweise

Andreas Schüle, Art. Urgeschichte, WiBiLex
http://www.bibelwissenschaft.de/stichwort/33903/
Peter Müller, »Verstehst du auch, was du liest?« Lesen und Verstehen im Neuen Testament, Darmstadt 1994
Claus Westermann, Genesis. Kapitel 1–11, Biblischer Kommentar Altes Testament, Neukirchen ²1976, 104–380

5 Wie lernt man biblische Texte zu verstehen?

5.1 Wozu brauchen Gemeindeglieder die Hilfe von Bibelexperten?

Auf diese Frage gibt es zwei sich widersprechende Antworten, die beide richtig sind. Die eine lautet: Nein, manche Bibeltexte sprechen viele Leserinnen oder Hörer direkt an und brauchen keine fachwissenschaftliche Erläuterung. Psalmen, das Hohelied der Liebe (1Kor 13) oder Erzählungen Jesu wirken oft unmittelbar. Es ist wie bei der Musik: Das Erlebnis selbst ergibt sich nicht aus dem Reden darüber. Ein Austausch über das Konzert kann die Eindrücke selbst vertiefen, aber auch zerreden.

>**»Manche Bibeltexte sprechen viele Leserinnen oder Hörer direkt an.«**

Doch auch die entgegengesetzte Antwort kann richtig sein: Es gibt Fremdes, Unklares, auch Abstoßendes und Widersprüche in der Bibel. Die antike Wirtschaft und Politik, die Religionen und Kulturen sind uns fremd. Zwischen den Zeiten damals und heute klafft ein garstiger Graben. Darum bleibt manche Bibelstelle ohne Erklärung dunkel, missverständlich oder befremdlich, ja verstörend. In diesen Fällen werden die Ergebnisse wissenschaftlicher Theologie helfen,

>**»Manche Bibelstelle bleibt ohne Erklärung dunkel.«**

biblische Texte zu erläutern und besser zu verstehen. Manchmal stellen sie jedoch auch liebgewordene Vorstellungen in Frage. Allerdings ersetzen wissenschaftliche Kommentare nicht die eigene Lektüre. Wie in allen anderen Wissensbereichen ist es wichtig, zunächst eigene Eindrücke wahrzunehmen und Fragen selbst zu formulieren, ehe man sich von wissenschaftlichen Erkenntnissen überschütten lässt. Es ist wie bei der Ärztin oder beim Rechtsanwalt: Ich muss selbst wissen, was ich wissen will, was mich schmerzt und was mir wirklich wichtig ist. Dann können die Fachleute an den problematischen Stellen in die Tiefe gehen.

5.2 Drei Phasen der Textaneignung

Worin gleichen und worin unterscheiden sich Theologen und andere Leser, wenn sie die Bibel deuten wollen? Diese Frage lässt sich am leichtesten beantworten, wenn wir drei hauptsächliche Phasen bei der Aneignung von Texten unterscheiden: eine erste intuitive Begegnung, eine zweite analysierende Phase und eine dritte, in der ein Bezug auf das eigene Leben gesucht wird.

a) Die intuitive Reaktion
Als erste Phase lässt sich das ursprüngliche Hören oder Lesen des Bibeltextes fassen, nachdem wir uns ausdrücklich fragen können: Was löst der Text jetzt in mir aus? Die spontanen Reaktionen können vom völligen Unverständnis: »Was soll das denn bedeuten?«, bis zum Eindruck unmittelbaren Verstehens reichen; von der spontanen Zustimmung: »So ist es!«, »Darauf vertraue ich!« oder »Ja, das hoffe ich«, bis zur strikten Ablehnung. Die Phase der ersten

> »In der Phase der ersten Begegnung mit dem Text kommt es entscheidend auf die eigene Intuition an.«

Begegnung mit dem Text, in der es entscheidend auf die eigene Intuition ankommt, durchlaufen Laien und Theologen prinzipiell auf gleiche Weise. Was ihnen durch den Kopf geht, wie viel Phantasie sie aufbringen, welche Einfälle sie haben, welche Deutungsmöglichkeiten und Fragen sie ins Spiel der Gedanken einbringen, hängt von den Einzelnen ab. Niemand kann dann für andere sprechen, auch nicht die Theologen für andere Gemeindeglieder, sondern jeder nur für sich selbst. Tauscht man das aus, dann finden sich Übereinstimmungen, Widersprüche und Ergänzungen bunt durcheinander. Darum erleben Gruppen, die sich mit einem biblischen Text auseinandersetzen, dass in einem längeren Gespräch regelmäßig ein ganzes Spektrum von Deutungen, Fragen und Thesen im Raum steht. Mehr als jeder einzelne für sich entdeckt hätte.

Professionelle Ausleger haben dabei nur einen kleinen zusätzlichen Vorteil. Er ergibt sich daraus, dass sie bereits diskutierte Deutungen kennen, in der Interpretation geübter sind, sich durch eine intensive sprachliche Ausbildung weitere Anregungen erschließen und aus diesen Gründen einen Wissensvorsprung in die Debatte einbringen können. Aber auch sie erleben in Gruppengesprächen regelmäßig Überraschungen und Anregungen für das eigene Nachdenken, auf die sie selbst nicht gekommen wären. Darum nutzen viele Pastorinnen und Pfarrer Predigtvorgespräche oder Bibelstunden, um die intuitiven Reaktionen anderer Gemeindeglieder zu erleben und mit ihnen zu bedenken.

b) Untersuchung der offenen Fragen

Die zweite Phase setzt dort ein, wo Klärungsbedarf entsteht. Manche Ideen und Auslegungen, die ein Bibeltext auslöst, widersprechen sich. Daraus ergibt sich die Frage: Was will dieser biblische Zeuge sagen und was kann er auf gar keinen Fall meinen?

>>Was will dieser biblische Zeuge sagen und was kann er auf gar keinen Fall meinen?<<

Die Beschäftigung mit dem Text hat in diesem zweiten Stadium zunächst und vor allem die Aufgabe, intuitiv gefundene Deutungen zu prüfen, Widersprüche zu klären und Fragen zu beantworten, die sich in der ersten Phase gestellt haben. Manche Idee bewährt sich nicht, wenn man sie mit anderen biblischen Texten zusammenhält und vergleicht. Manche Frage lässt sich klären, wenn man den einzelnen Text im Zusammenhang des ganzen Buches interpretiert. Das setzt Kenntnisse und Fähigkeiten voraus, die im Zuge des Theologiestudiums gelehrt werden, also vor allem die Kenntnis der hebräischen und griechischen Sprache, um die erste aller Fragen zu beantworten: »Was steht denn eigentlich da? Wie könnte man es auch noch anders übersetzen?«

Weitere Wissensfragen betreffen die Geschichte und die historische Situation, zum Beispiel: »Wer waren eigentlich die Galater und was wollten sie – zum Missfallen des Paulus?« Dazu ist eine Übersichtskenntnis der Geschichte des Urchristentums und seiner verschiedenen Strömungen nötig. Auch die Kenntnis des christlichen Denkens und seiner Entwicklung hilft zu begreifen, warum Paulus die Briefempfänger so kämpferisch anredet: *O ihr unverständigen Galater!* (Gal 3,1). In der Untersuchung hilft es, zunächst zu klären, was Paulus von den Galatern will. Die Frage, ob und wo wir heute solche Konflikte unter uns kennen, wird dabei zunächst zurückgestellt.

Werden die Fragen etwas umfangreicher und komplizierter, dann müssen Theologen oft auch selbst ihre Fachliteratur und Nachschlagewerke nutzen. Allerdings stehen manche Wissensspeicher allen zur Verfügung und es gibt Nachschlagewerke auch für interessierte Gemeindeglieder. Durch das Internet, etwa in Wikipedia oder im Wissenschaftlichen Bibellexikon im Internet (http://www.bibelwissenschaft.de/wibilex/das-bibellexikon), reichen die Recherchemöglichkeiten inzwischen weit über theologische Fachbibliotheken hinaus.

Diese zweite analytische Phase der Beschäftigung mit einem biblischen Text, in der Fachkenntnisse nötig sind, ist abhängig von dem, was in der ersten intuitiven Phase aufgefallen ist und problematisiert wurde. Was nicht erfragt wird, kann auch nicht untersucht und beantwortet werden. Die wissenschaftlichen Kommentare zu den einzelnen biblischen Büchern sind in dieser Hinsicht Sammlungen der bisher in Theologie und Kirche gestellten Fragen zu biblischen Büchern und der Versuch, darauf zu antworten. Was diese wissenschaftliche Untersuchung biblischer Texte leisten kann, soll im nächsten Kapitel eingehender geschildert werden.

> »Die zweite analytische Phase der Beschäftigung mit einem biblischen Text ist abhängig von dem, was in der ersten intuitiven Phase aufgefallen ist.«

c) Die Suche nach einer Bedeutung für das eigene Leben

Die dritte Phase fragt nach der Aneignung biblischer Texte, also nach dem, was mir ein Psalm, eine Geschichte oder ein Sprichwort in meiner Situation bedeutet. Kann das gelesene und bedachte Wort mich heute trösten, mahnen oder mir eine ethische Weisung geben? Auch hierbei sind kreative und meditative Momente nötig, damit das eigene Leben sich mit den Lebens- und Glaubenserfahrungen des Textes verschränkt. Oft genug kommt es auch auf die konkrete Situation an, in der die dringende Frage: *Mein Gott, mein Gott, warum hast du mich verlassen?* (Ps 22,1) als eigener Aufschrei erkannt wird; oder die Aufforderung: *Richtet nicht, auf dass ihr nicht gerichtet werdet* (Mt 7,1) als Korrektur der eigenen Haltung verstanden werden muss; oder das eigene Staunen in der Frage seinen Ausdruck findet: *Was ist der Mensch, dass du seiner gedenkst, und des Menschen Kind, dass du dich seiner annimmst?* (Ps 8,5). Im vollen Sinne sprechen biblische Texte erst dann, wenn die frühere Glaubenserfahrung mit unserer heutigen Lebenserfahrung in Beziehung gesetzt werden kann. Ob eine Leserin dem biblischen Autor zustimmt, weil sie das auch kennt, oder ein Hörer seine Erfahrungen dagegensetzt, muss jeder für sich persönlich herausfinden oder wie bei einer Predigt für sich bejahen. Deutungen anderer, die das eigene Leben betreffen, bleiben Vorschläge, die einleuchten oder nicht. Eine Zustimmung lässt sich nicht erzwingen.

»Im vollen Sinne sprechen biblische Texte erst dann, wenn die frühere Glaubenserfahrung mit unserer heutigen Lebenserfahrung in Beziehung gesetzt werden kann.«

Hauptamtliche Theologen sind in dieser Aneignungsphase nicht grundsätzlich im Vorteil, auch wenn eine ihrer wichtigsten Aufgaben die Predigt ist. Denn Gemeindeglieder haben womöglich eine Lebensgeschichte, die ihnen hilft, sich selbst, ihre Zweifel und ihren Glauben in der biblischen Botschaft zu entdecken. Kluge Deutungen, Mut und prophetische Sensibilität für die Zeichen der Zeit lassen sich nicht auf einen Berufsstand begrenzen. In Predigtvorgesprächen können auch in dieser Hinsicht verschiedene Erfahrungen gesammelt werden und den Prediger zur aktuellen Auslegung biblischer Texte anregen. So wiederholt sich die Erfahrung, die Gemeinden schon seit den ältesten Zeiten gemacht haben: Im Austausch und Gespräch zwischen Alt und Jung, Frauen und Männern, Kundigen und Neugierigen, Praktikern und Gelehrten schließt sich der Inhalt der Bibel auf. Das stille Lesen und Bedenken von Abschnitten aus der Heiligen Schrift ist dafür eine gute Vorbereitung.

> »Im Austausch und Gespräch zwischen Alt und Jung, Frauen und Männern, Kundigen und Neugierigen, Praktikern und Gelehrten schließt sich der Inhalt der Bibel auf.«

5.3 Methoden der Bibelarbeit als Hilfe zum Verstehen

Ausführliche Gespräche über Bibeltexte, an denen sich jeder aus der Gruppe beteiligen darf und soll, gibt es erst seit etwa 100 Jahren. Sie entwickelten sich aus Bibelstunden, in denen Pfarrer oder andere kirchliche Mitarbeiter Bibeltexte ausführlich auslegten, ein freies Gespräch aber nicht üblich war. Doch mit der Jugendbewegung am Beginn des 20. Jahrhunderts änderte sich die Haltung von Pädagogen und Jugendlichen. Ihnen ging es nunmehr um unzensierte Fragen aller Gruppenmitglieder, um »selbsttätige« Untersuchungen und um eigenständige Entdeckungen. Diese Ermutigung zur freien eigenen Arbeit am biblischen Text gehört heute zu den unbestrittenen Zielen vieler Methoden im Unterricht, in der Jugendarbeit und in Gemeindegruppen. Sie sollen und können das Verständnis und die eigene Auseinandersetzung mit der Bibel methodisch fördern. Denn jeder Bibeltext ist wie ein Gedicht oder ein anderer anspruchsvoller literarischer Text zunächst eine Art Blackbox, ein schwarzer Kasten, von dem ich auf Anhieb nicht genau weiß, was alles darin stecken mag. Es kann sein, dass das erste Hören oder Lesen mir wenig bis gar nichts sagt. Umgekehrt fällt manchmal ein angemessener Zugang schwer, weil der Text eine umfassende Bedeutung hat. Beides, eine übergroße Ehrfurcht und das Unverständnis können das Verstehen behindern. Dies muss aber nicht so bleiben, denn den Zugang zu komplizierten Texten kann man erleichtern. Das ist das Ziel vieler Methoden in der Kinder- und Jugendarbeit wie in der Erwachsenenbildung, die oft unter dem Oberbegriff »Bibelarbeit« zusammengefasst werden. Als dieser Begriff aufkam, lag die Betonung auf dem Stichwort »Arbeit«. Damit war eine Art von Seminar gemeint, das eine ganze biblische Schrift umfassen und Monate in Anspruch nehmen konnte. Heute wird darunter sehr oft nur eine einzelne Veranstaltung verstanden, ein Vortrag beim Kirchentag, eine Unterrichtseinheit oder ein Gemeindeabend.

Unter dem Stichwort »Bibelarbeit« wird inzwischen ein ganzes Spektrum von Methoden der Erwachsenenpädagogik und der Jugendarbeit aufgelistet. Es hat sich zum Beispiel bei Erzählungen bewährt, Mitglieder des Gesprächskreises zu bitten, sich in eine Person der Geschichte hineinzuversetzen. Damit werden die Teilnehmer Anwälte ihrer Rolle, fragen nach Hintergründen und bringen ihre eigenen Erfahrungen in die Auseinandersetzung mit dem Text ein. Wie intensiv und ausführlich solche Arbeitseinheiten gestaltet werden, unterscheidet sich von Methode zu Methode. Eine von ihnen, das sogenannte »Bibliodrama«, nimmt Anregungen aus der Theaterpädagogik und dem Psychodrama auf und gestaltet mit Teilnehmern die einzelnen Szenen der Erzählung schauspielerisch nach. Für die anschließende Auswertung braucht die Gruppe Zeit und – für den ganzen Prozess – fachkundige Begleitung, da diese Form von allen Beteiligten eine intensive geistige Arbeit erfordert. Etwas weniger Aufwand erfordert der sogenannten »Bibliolog«. In ihm werden die Rollen zwar angesprochen und besprochen, doch es unterbleibt die Identifikation durch das darstellende Spiel. Noch stärker beim reinen Gespräch über den Text bleiben Bibelarbeiten wie die sogenannte Västerås-Methode. Dieses Verfahren ist nach einer schwedischen Gemeinde benannt, in der es aufkam. Die Teilnehmer werden von der Leiterin gebeten, in der Stille einen biblischen Text für sich zu lesen und durch drei Zeichen zu kommentieren. Ein Fragezeichen (?) steht für Unklarheiten oder Probleme, ein Ausrufezeichen (!) für eine wichtige Einsicht und ein Pfeil (→) für etwas persönlich Bedeutsames. Im Abschluss an die individuelle Beschäftigung mit dem Text erfolgt das Gruppengespräch, in dem die Fragen und Probleme behandelt und die Einsichten mitgeteilt werden. Ob und wie die persönlich bedeutsamen Momente aufgerufen und besprochen werden, ist von dem Takt der Leiterin, dem Willen des einzelnen Teilnehmers und der Verabredung in der Gruppe abhängig.

Jedes dieser Verfahren ist geeignet, das Verständnis biblischer Texte zu fördern. Erfahrungsgemäß sind sie in der intuitiven Phase und bei der Aneignung besonders wirksam. Die Information über historische Zusammenhänge und die Beziehung des einzelnen Textes zu anderen Bibeltexten gehört zur Vorbereitung der Gesprächsleiter und sollte dann gezielt ins Gespräch eingebracht werden, wenn die Teilnehmer danach fragen. Inzwischen liegen dafür ganze Handbücher zu Methoden der Bibelarbeit vor, in denen sich reiche Anregungen und Erfahrungen finden.

Literaturhinweise

Christian Albrecht, Schriftauslegung als Vollzug protestantischer Frömmigkeitspraxis, in: Friederike Nüssel (Hrsg.), Schriftauslegung, Themen der Theologie 8, Tübingen 2014, 207–237

Horst Klaus Berg, Grundriss der Bibeldidaktik. Konzepte – Modelle – Methoden, München/Stuttgart ³2003

Jürgen Henkys, Bibelarbeit. Der Umgang mit der Heiligen Schrift in den evangelischen Jugendverbänden nach dem Ersten Weltkrieg. Hamburg 1966

Ulrich Luz, Zankapfel Bibel. Eine Bibel – viele Zugänge. Ein theologisches Gespräch, Zürich 1992

6 Was leistet die Bibelwissenschaft?

Alle biblischen Texte sind zunächst für sich und später als Teile der Bibel von den Gemeinden gehört, gelesen und ausgelegt worden. Der Übergang zwischen den einzelnen Perioden der Auslegungsgeschichte war fließend. Immer wieder haben schon die antiken Ausleger Fragestellungen, Mittel und Methoden entwickelt, die bis heute in der Bibelwissenschaft angewandt werden. Ähnliches gilt im Übrigen auch für alle anderen Wissenschaften, die es mit Texten und ihrer Interpretation zu tun haben, wie etwa der Jurisprudenz oder den Literaturwissenschaften. Auch sie greifen auf frühere Fragestellungen und Interpretationen zurück. Darum setzt dieses Kapitel nicht erst im 17. Jahrhundert ein, als im Zuge der neuzeitlichen Wissenschaftsgeschichte die bisher gängigen Methoden einer systematischen Kritik unterzogen wurden. Es endet mit der Darstellung der heutigen wissenschaftlichen Exegese.

6.1 Die Auslegung biblischer Texte in der Bibel selbst

Die gezielte Auslegung biblischer Texte beginnt schon in der Bibel selbst. Bereits einige Schriften des Alten Testaments stellen eine Auslegung und Fortschreibung älterer Texte dar. Sie nehmen Prophetensprüche, Erzählungen oder Vorschriften wieder auf, erweitern oder kürzen, kommentieren und legen sie so für neue Situationen aus. Das ist dort besonders gut zu beobachten, wo die schriftlichen Vorstufen und ihre Bearbeitung in der Bibel erhalten sind.

Im 5. Buch Mose hält Moses eine Rückschau auf den Auszug Israels aus Ägypten, auf die Wüstenwanderung des Volkes und vor allem auf die Offenbarung auf dem Gottesberg. Gesetze und Erzählungen, die in 2 Mose 19 bis 4 Mose 10 Thema waren, kommen in 5 Mose zum zweiten Mal vor. Der kirchliche Name dieses Buches »Deuteronomium« spielt auf diese Wiederholungen an, weil Deuteronomium aus »deuteros nomos« gebildet wurde und »Zweitgesetz« bedeutet. Denn die Zehn Gebote aus 2 Mose 20,1–17 werden fast wortgleich in 5 Mose 5,6–21 geboten. Auch andere Bestimmungen werden aufgenommen und teilweise variiert. Diese Änderungen tragen jeweils neue Erfahrungen und Einsichten in die älteren Texte ein. So ist die Feiertagsheiligung in 5 Mose 5,14 und 15 wesentlich ausführlicher begründet als in der vermutlich früheren Fassung aus 2 Mose 20. Knechte und Mägde werden noch stärker beachtet, ja bei der Feiertagsruhe mit ihren Herren gleichgestellt. Dazu wird als Grund ausdrücklich auf die Knechtschaft des ganzen Volkes in Ägypten hingewiesen, was in 2 Mose 20 so noch nicht der Fall war. Wer selbst Knecht war, sollte seine Mägde und Knechte nicht schlecht behandeln.

»Ausdrückliche Interpretationen bisheriger Glaubenszeugnisse ziehen sich durch die ganze Bibel.«

Solche ausdrücklichen Interpretationen bisheriger Glaubenszeugnisse ziehen sich durch die ganze Bibel und finden sich natürlich auch im Neuen Testament. Auf ein Beispiel, wie alttestamentliche Verheißungen in der frühesten Kirchengeschichte aufgenommen und auf das eigene Erleben gedeutet werden, habe ich oben (4.3) in der

Geschichte von dem Minister aus Äthiopien hingewiesen. Der Rückbezug auf die bereits vorliegenden Texte lässt sich auch im Neuen Testament gut beobachten. Die systematische Aufnahme und Verarbeitung bereits vorliegender christlicher Schriften gibt es auch noch in den Entstehungszeiten neutestamentlicher Schriften. Wenn man das Evangelium nach Markus mit dem nach Matthäus vergleicht, fallen viele Abschnitte auf, die sehr ähnlich, ja nahezu gleich sind. Fast der gesamte Stoff des Markusevangeliums findet sich im Matthäusevangelium und im Lukasevangelium zumeist wortwörtlich wieder. Das kann kein Zufall sein, sondern stellt uns vor die Aufgabe, das Verhältnis dieser beiden Schriften zu bestimmen. In der Alten Kirche hat man das Markusevangelium als gekürzte Fassung des Matthäusevangeliums angesehen. Diese Vermutung ist nicht sehr wahrscheinlich, weil es kaum gute Gründe für Streichungen an vielen Stellen gibt. Allgemein werden Heilige Schriften eher kommentiert und erweitert, aber nicht gekürzt. Als wahrscheinlichste Antwort auf diese Frage ist heute die These anerkannt, dass Markus den ersten schriftlichen Bericht über das Wirken, die Verkündigung und das Geschick Jesu um das Jahr 70 n. Chr. vorgelegt hat. Über das hinaus, was er bereits an Geschichten und Worten Jesu gesammelt hatte, kannten und schätzten aber spätere Christen weitere Jesus-Überlieferungen. Diese sollten ebenfalls überliefert und im Gottesdienst gelesen und bedacht werden. So erwuchsen in den 80er Jahren des ersten Jahrhunderts aus dem Markusevangelium die größeren Evangelien nach Matthäus und nach Lukas. Im

»Markus hat den ersten schriftlichen Bericht über das Wirken, die Verkündigung und das Geschick Jesu um das Jahr 70 n. Chr. vorgelegt.«

Matthäusevangelium sind damit die Bergpredigt mit dem Vaterunser und weitere Reden enthalten, die sich nicht im Markusevangelium finden. Das Lukasevangelium enthält unter anderem mit seiner Weihnachtsgeschichte (Kap. 2), mit dem Gleichnis vom Verlorenen Sohn (Kap. 15) oder der Geschichte von den Jüngern in Emmaus (Kap. 24) Erzählungen, die zum Kernbestand der christlichen Verkündigung gehören, aber noch nicht im Markusevangelium enthalten sind.

Welche Absichten diese Erweiterungen des vorgegebenen Stoffes leiten, die sich schon in der Bibel finden, wird in der Regel nicht ausdrücklich angegeben. Sie müssen vor allem durch sorgfältige Beobachtung der Texte erfragt werden. Einzig das Lukasevangelium beginnt mit einem kurzen Abschnitt, der die Absichten des Verfassers ausdrückt:

> Da es nun schon viele unternommen haben, Bericht zu geben von den Geschichten, die sich unter uns erfüllt haben, wie uns das überliefert haben, die es von Anfang an selbst gesehen haben und Diener des Wortes gewesen sind, habe auch ich's für gut gehalten, nachdem ich alles von Anfang an sorgfältig erkundet habe, es für dich, hochgeehrter Theophilus, in guter Ordnung aufzuschreiben, auf dass du den sicheren Grund der Lehre erfährst, in der du unterrichtet bist. (Lk 1,1–4)

In diesem langen, sehr kunstvoll gestalteten Satz macht der Verfasser deutlich, dass er Vorgänger hat, die die Jesus-Geschichte aufgezeichnet haben, und diese verbessern möchte. Wir wissen damit von ihm selbst, wie hoch sein Anspruch war. Er selbst aber gehört nicht mehr zur Generation der Augenzeugen. Wir kennen den Verfasser nicht, weil er seinen

Namen nicht ausdrücklich nennt. Das gilt auch für die drei anderen Evangelien, in denen kein Verfassername genannt wird. Alle vier Evangelien sind anonym. Erst die spätere kirchliche Tradition hat ihnen Namen gegeben.

»Alle vier Evangelien sind anonym.«

Nach der anfänglichen Formierung des Kanons, d. h. der ersten Festlegung des Umfangs des Neuen Testaments gegen Ende des zweiten Jahrhunderts n. Chr., gab es immer wieder Evangelienschriften, dazu Neufassungen biblischer Bücher in Gedichtform oder als Zusammenfassung der vier Evangelien. Aber diese Werke wurden nicht mehr in die Bibel integriert, sondern als spätere, bedenkenswerte Auslegung der Heiligen Schrift verstanden und geachtet. Manche erwiesen sich auch als Werke von Sondergemeinschaften, die ihren Glauben an Jesus anders verstanden und lebten als die Großkirchen. Dazu zählen etwa die gnostischen Gruppierungen, die eine besondere Erkenntnis (Gnosis) für sich beanspruchten. Für sie war Jesus kein sterblicher Mensch, sondern ein himmlischer Gesandter des verborgenen Gottes.

6.2 Wurzeln der Bibelwissenschaft

Die ersten wissenschaftlichen Fragestellungen und Methoden der Neuzeit, die Theologen noch bis heute nutzen, sind seit Mitte des 17. Jahrhunderts entwickelt worden, d. h. vor etwa 350 Jahren. Doch wesentliche Erkenntnisse und Hilfsmittel für die Bibelauslegung waren schon seit der Antike bekannt und im Gebrauch. So hat es seit dem zweiten und dritten Jahrhundert n. Chr. Wörterbücher, Sacherklärungen,

Kommentare und erläuternde Beschreibungen von biblischen Texten gegeben, die das Verstehen der Bibel erleichterten. Parallel dazu entwickelte sich unter den jüdischen Auslegern der hebräischen Bibel eine sehr differenzierte Auslegungsmethodik, die in den Zeiten der Renaissance und der Reformation von christlichen Theologen z. T. intensiv genutzt wurde. Martin Luther und seine Mitarbeiter haben immer wieder diese rabbinischen Erklärungen gelesen, positiv aufgenommen oder polemisch abgelehnt.

»Erkenntnisse und Hilfsmittel für die Bibelauslegung waren schon seit der Antike bekannt und im Gebrauch.«

Ein Beispiel zeigt, wie manche heutige Methode schon ihre Vorläufer in der Antike hatte: Zur wissenschaftlichen Beschäftigung mit dem Neuen Testament gehört, dass man die drei ersten Evangelien, ihre Gemeinsamkeiten und ihre Unterschiede untersucht. Das geschieht, indem man ihren Text in drei Spalten nebeneinander abdruckt. Selten wird das Evangelium nach Johannes in einer vierten Spalte aufgeführt. Ein solcher Druck wird »Synopse« genannt, d. h. Zusammenschau. Die Evangelien nach Matthäus, Markus und Lukas bezeichnet man daher als »Synoptiker«. Eine differenzierte Methode, die Evangelien miteinander zu vergleichen, entwickelte der Kirchenvater Eusebius von Cäsarea (265–340). Er teilte alle vier, also auch das Johannesevangelium, in insgesamt 1165 kleine Abschnitte ein. Diese nummerierte er und sortierte sie in zehn verschiedenen Tabellen. Die Nummer jedes Abschnitts und die Ziffer der Tabelle standen seitdem in den meisten biblischen Hand-

»Die Evangelien nach Matthäus, Markus und Lukas bezeichnet man als ›Synoptiker‹.«

schriften am Rande. So konnte jeder Bibelleser leicht erkennen, welcher Abschnitt in allen vier Evangelien, welcher nur in dreien oder in zweien enthalten ist oder ob er nur in einem überliefert wird. Über dieses Tabellensystem und über die Randnummern konnten die Parallelen in den anderen Evangelien leicht aufgesucht und verglichen werden. Diese Angaben finden sich bis heute in vielen Bibeln und zeigen Zusammenhänge an, die die genaue Auslegung zu berücksichtigen hat.

Zum Beispiel hat das Vaterunser im Matthäusevangelium (6,7–13) die Nummer 43 und die Tabellenangabe »V«. Diese fünfte Tabelle ist für Abschnitte bestimmt, die nur in den zwei Evangelien nach Matthäus und nach Lukas vorkommen. Sieht man dort nach, findet man neben der Nummer für den Matthäusabschnitt 43 die Angabe für Lukas: Abschnitt 123. Mit dieser Nummer lässt sich feststellen, wo im Lukasevangelium eine weitere Version des Vaterunsers zu finden ist (Lk 11,1–4).

Auch andere wissenschaftliche Fragen sind bereits seit Jahrhunderten diskutiert und mit zutreffenden Thesen beantwortet worden. Zum Beispiel finden wir in einer Reihe von neutestamentlichen Schriften keine Verfasserangabe, etwa im Hebräerbrief, oder einen Namen, der nicht sicher einer bestimmten Person zuzuordnen ist wie bei der Offenbarung an Johannes. Für diese Schriften vermutete man weithin in den christlichen Kirchen, sie seien auf den Apostel Paulus bzw. den Evangelisten Johannes zurückzuführen. Doch schon im dritten Jahrhundert n. Chr. äußerten gelehrte Theologen schwere Zweifel an dieser Auffassung. Ihre Argumente werden bis heute herangezogen, wenn die wissenschaftliche Exegese nach den wahrscheinlichen Autoren dieser Schriften fragt. In ähnlicher Weise haben später Luther und die Reformatoren solche Fragen aufgenommen und eine begründete Antwort gesucht. Für den Hebräerbrief etwa war sich Luther sicher, dass er nicht von Paulus stammen könne und fand dafür auch das historische Argument in Hebr 2,3, wo sich der Verfasser selbst als Christ der zweiten Generation bezeichnet.

Durch die gesamte Kirchengeschichte hindurch hat es so immer wieder bemerkenswerte Auslegungen biblischer Texte und methodische Verstehenshilfen gegeben. Viele sind bis heute bedenkenswert und anregend. Das macht sich z. B. der »Evangelisch-Katholische Kommentar zum Neuen Testament« zunutze, ein großes Sammelwerk vieler Exegeten. Diese wissenschaftlichen Kommentare erläutern den Text nicht nur mit Hilfe heutiger wissenschaftlicher Einsichten, sondern die Autoren fassen auch die Ergebnisse der Auslegungsgeschichte zusammen. Dabei ist durchaus interessant, wie die Alte Kirche, das Mittelalter, die Reformation und die Neuzeit ihre Schwerpunkte setzten. Dabei lassen sich auch heute noch erstaunliche Entdeckungen machen, die sonst leicht vergessen würden. Sie bestätigen auch: Die Kirchengeschichte war und ist immer wieder eine Geschichte der Auslegung der Heiligen Schrift.

> »Durch die gesamte Kirchengeschichte hindurch hat es immer wieder bemerkenswerte Auslegungen biblischer Texte und methodische Verstehenshilfen gegeben.«

> »Die Kirchengeschichte war und ist immer wieder eine Geschichte der Auslegung der Heiligen Schrift.«

6.3 Streit um den ursprünglichen Wortlaut der Bibel

Besondere Bedeutung gewann die Bibelwissenschaft in der Reformationszeit und danach, weil evangelische Christen und Theologen sich auf die Heilige Schrift als höchste Autorität beriefen, die dem Papst und einem Konzil vorgeordnet seien. Vertreter der katholischen Kirche versuchten, diese Position mit verschiedenen Argumenten zu bestreiten. So warf der französische Priester Richard Simon (1638–1712) den evangelischen Kirchen vor, dass sie sich einem unsicher überlieferten Wortlaut der Bibel anvertrauten statt der kirchlichen Lehrgewalt. Er beobachtete, dass sich in den meisten griechischen Handschriften der Schluss des Markusevangeliums (Mk 16,9–20) noch nicht findet. Daraus schloss er zutreffend, dass diese Passage dem Markusevangelium erst später zugefügt wurde. Heute berichten die meisten Bibelübersetzungen in Anmerkungen von dieser vorherrschenden Auffassung, dass das ursprüngliche Markusevangelium um diesen Abschnitt im Lauf der Überlieferung erweitert worden ist.

Damit war die unabweisbare Frage gestellt, warum die einzelnen Bibelhandschriften so voneinander abweichen können. Dieses Phänomen erklärt sich zunächst einfach aus dem Verfahren der Reproduktion: Die biblischen Texte sind – wie alle antiken Texte – mit der Hand abgeschrieben worden und von den Abschriften sind weitere handschriftliche Kopien angefertigt worden. Wer einmal versucht hat, auch nur eine Seite fehlerfrei abzuschreiben, weiß, wie schwierig, ja unmöglich das ist. Da konnte es trotz der bewundernswerten Sorgfalt der Abschreiber nicht ausbleiben, dass sich Fehler und Varianten einschlichen. Die wurden z. T. korrigiert, blieben manchmal auch einfach stehen oder wurden so verändert, dass ein neuer Wortlaut entwickelt wurde. Dazu kommt, dass in den Christenverfolgungen der römischen Kaiserzeit viele ältere Bibelhandschriften aufgespürt und vernichtet worden sind, was eine Nachprüfung an den ältesten Handschriften erschwerte oder ganz verhinderte. Mit diesem Schicksal stehen die Bibel-Handschriften aber nicht allein. Von keiner antiken Schrift, auch nicht von den bedeutendsten griechischen Philosophen, gibt es ein Original, sondern es existieren immer nur Abschriften von Kopien mit den entsprechenden Fehlern. Die frühesten Abschriften etwa des Aristoteles (384–322 v. Chr.) stammen aus dem 10. Jahrhundert n. Chr. und weisen so eine Überlieferungslücke von 1300 Jahren auf. Die Handschriftenüberlieferung des Neuen Testaments setzt 800 Jahre vorher ein. Die ersten alttestamentlichen Handschriften, die wir heute kennen, sind die Schriftrollen vom Toten Meer. Sie haben die erstaunliche Präzision der Überlieferung erwiesen, weil sie kaum von einem hebräischen Text aus dem Jahr 1008 n. Chr. abweichen, der bis dahin die wissenschaftliche Grundlage für die Forschung am Alten Testament bildete.

>>Von keiner antiken Schrift, auch nicht von den bedeutendsten griechischen Philosophen, gibt es ein Original.<<

So steht nun jeder Interpret antiker Bücher und damit auch der Bibel zunächst vor der nicht ganz einfachen Aufgabe festzustellen, wie das Original vermutlich wirklich lautete. Seit Richard Simon stellt sich also als erste Aufgabe einer historisch-kri-

>>Die erste Aufgabe einer historisch-kritischen Analyse ist die Beantwortung der Frage: Wie lautete der ursprüngliche Text?<<

tischen Analyse antiker Texte die Beantwortung der scheinbar schlichten Frage: Wie lautete der ursprüngliche Text? Die für diese Aufgabe entwickelten Methoden heißen »Textkritik« und bezeichnen diese Suche nach dem vermutlich frühesten und besten Text einer (antiken) Schrift. Simon hat mit seinen Darlegungen die Forschung und Erwiderung durch evangelische Theologen angestoßen. Diese wissenschaftliche Arbeit erlebte im 19. Jahrhundert durch die Entdeckung einer Reihe von umfangreichen alten Bibelhandschriften einen Höhepunkt. Gleichzeitig wurden Kriterien dafür gefunden, was inhaltlich als ursprünglich und was als nachträgliche Änderung zu gelten hat. Für das Neue Testament sind Tausende von antiken und mittelalterlichen Pergamenten und Papyrusfragmenten gefunden und gesammelt worden, so dass inzwischen 5500 unterschiedliche Handschriften des Neuen Testaments wissenschaftlich ausgewertet werden können. In der Bibelexegese ist die ursprüngliche konfessionelle Kontroverse über textkritische Fragen faktisch beigelegt. Inzwischen arbeiten an der Textkritik des Alten Testaments Juden, katholische und evangelische Christen eng zusammen. Auch die Suche nach dem frühesten Text des Neuen Testaments ist heute das Werk von Forschern vieler Konfessionen und Nationen. Sie sind aufgrund ihrer Nachforschungen inzwischen gemeinsam der festen Überzeugung, dass der biblische Text mit einer großen Sorgfalt und Treue weitergegeben worden ist. Es gibt vergleichsweise nur wenige Stellen, in denen die Fachleute den biblischen Wortlaut als unsicher ansehen. Diese Unsicherheiten betreffen die für den christlichen

»Der biblische Text ist mit einer großen Sorgfalt und Treue weitergegeben worden.«

Glauben entscheidenden Passagen des Neuen Testaments in keiner Weise.

Richard Simon bietet mit seiner Polemik gegen die Hochschätzung der Bibel unter den evangelischen Christen ein prominentes Beispiel dafür, dass nahezu alle historisch-kritischen Methoden einmal durch eine heiße Phase gegangen sind. In ihr leitete ein bestimmtes inhaltliches Interesse die Forschung und hofften die Verfechter unterschiedlicher Positionen auf Ergebnisse, die ihre durchaus strittigen Auffassungen bestätigen sollten. Doch die Textkritik ist auch ein Beispiel für einen ziemlich typischen Vorgang: Im Lauf der Forschungsgeschichte wird oft der ursprüngliche polemische Antrieb schwächer und gerät nicht selten in Vergessenheit. Wenn aber die Fragestellung weiterhin einleuchtet (Was ist der ursprüngliche Wortlaut?) und die Methoden sich bewähren, dann gehört diese Analyserichtung künftig zu den notwendigen Arbeitsschritten jeder wissenschaftlichen Textanalyse.

6.4 Weitere historisch-kritische Methoden

Die wissenschaftliche Auslegung der Bibel wird nach einem griechischen Fremdwort *Exegese* genannt, d. h. Auslegung. Sie erfolgt grundsätzlich mit denselben Mitteln, mit denen auch andere schriftliche Überlieferungen untersucht werden können, seien es literarische Werke wie die Dramen des Aischylos, seien es religiöse Texte wie die homerischen Götterhymnen oder Gesetzessammlungen wie die des Hammurapi. In jedem dieser Fälle geht es darum, die schriftlichen Zeugnisse und ihren Inhalt möglichst gut zu verstehen. Immer sind sie Zeugnisse dessen, was Menschen wichtig und heilig war und ist. Nicht selten sind diese Methoden zuerst für die Bibel entwickelt worden, ehe auch andere Literaturen damit untersucht wurden. Oft werden diese Untersuchungen an biblischen Texten, die mit der Textkritik beginnen, unter dem Stichwort »die historisch-kritische Methode« zusammengefasst. Das ist deswegen nicht exakt, weil es sich um eine Sammlung verschiedener Methoden handelt. Darum ist der Plural »historisch-kritische Methoden« genauer, denn die wissenschaftliche Untersuchung biblischer Texte bedient sich einer Kombination von mehreren Verfahren. »Historisch« meint in diesem Zusammenhang das Ziel, zu erfragen: Was wollte der biblische Autor seinen Hörern oder Leserinnen zu seiner Zeit mitteilen? »Kritisch« heißt diese Vorgehensweise, weil sie keine vernünftige Frage verbietet, sondern wie jede wissenschaftliche Arbeit den methodischen Zweifel einschließt. Nicht gemeint ist damit jedoch diejenige »Kritik«, die eine polemische Herabsetzung des Glaubens und der Bibel zum Ziel hat. Wie in jeder Wissenschaft bilden diese Methoden ein unabgeschlossenes Instrumentarium, dem immer wieder neue Fragestellungen und Arbeitsschritte zu ihrer Beantwortung zugefügt werden. Die ältesten Verfahren sind heute wenig oder gar nicht umstritten, scheinen also objektiv zu sein. Doch dieser Schein trügt. Wie wir bei der »Textkritik«, die den Beginn jeder Exegese darstellt, gesehen haben, war jede heute anscheinend neutrale Untersuchung einmal ein Gegenstand des Streites unter christlichen Wissenschaftlern und sollte ihren Vertretern im

> »Die wissenschaftliche Untersuchung biblischer Texte bedient sich einer Kombination von mehreren Verfahren.«

Streit einen Vorteil durch bessere Argumente liefern. Diese Forschungsgeschichte kann hier nur holzschnittartig dargestellt werden. Ein Beispiel, zu welchen Ergebnissen eine wissenschaftliche Exegese gelangen kann, bietet das folgende Kapitel 7.

a) Wie sind die biblischen Texte entstanden und gewachsen?

Vom wissenschaftlich gesicherten Textbestand der Bibel aus kann und darf zurückgefragt werden, wie sich denn diese schriftlichen Texte im Lauf der Geschichte entwickelt haben. Nur von wenigen Schriften wissen wir sicher, dass sie in einem Zuge niedergeschrieben worden sind. Paulus unterstützte bei der Abfassung des Römerbriefs der Schreiber Tertius, der die Gemeinde in Rom noch im eigenen Namen grüßt (Röm 16,22). Das begründet die Annahme, dass dieser Brief nacheinander diktiert und dann abgeschickt wurde. Doch die meisten anderen biblischen Texte sind im Lauf der Überlieferung gewachsen, sie wurden ergänzt, verändert und mit weiteren Abschnitten zusammengestellt, wie wir bereits oben kurz dargestellt haben. Diese Suche nach den allerersten schriftlichen Zeugnissen nennt sich »Quellen- oder Literarkritik«. Sie verdankte sich zunächst dem dringenden Interesse, zum Ursprung des christlichen Glaubens zu gelangen. Manche evangelischen Theologen hofften im 19. Jahrhundert, mit der Literarkritik vor allem die ursprüngliche, »unverfälschte« Verkündigung Jesu herausarbeiten zu können.

> »Die meisten anderen biblischen Texte sind im Lauf der Überlieferung gewachsen, sie wurden ergänzt, verändert und mit weiteren Abschnitten zusammengestellt.«

Diese sei noch frei von späteren kirchlichen Einflüssen und dem Bekenntnis zum auferstandenen Christus. Eine solche Hoffnung auf eine bekenntnisfreie Botschaft Jesu vom liebenden Vatergott hat jedoch getrogen und musste scheitern. Von Jesus wissen wir nur, weil seine ersten Anhänger in ihm denjenigen Menschen sahen, in dessen Auferstehung Gott seine Macht erwiesen hat. Jeder Text der Evangelien ist von Christen als Zeugnis ihres Glaubens verfasst, also keine neutral-berichtende Erzählung. Eine bekenntnisfreie Schicht des Neuen Testaments hat es nie gegeben. Eine ähnliche Suche nach den reinen Ursprüngen, mit denen sich der Glaube besser begründen lasse, gab es ebenfalls in den Texten des Alten Testaments. Auch dort konnten die Ergebnisse die Hoffnungen der Forscher so nicht bestätigten. Dennoch ist es sinnvoll, sich mit der Entstehungsgeschichte der biblischen Texte zu beschäftigen. Sie zeigt, wie die Botschaft der alten Texte in veränderten Situationen neu verstanden und gedeutet wurde. Ein Ergebnis der Literarkritik ist die gut begründete These, dass Markus der erste Evangelist war und dass dem Matthäus- und dem Lukasevangelium eine zweite Quelle vorlag. Ihr Wortlaut ist zwar nicht erhalten, aber im Wesentlichen aus den gleichlautenden Texten der beiden Großevangelien zu rekonstruieren.

Kommt man mit der Literarkritik bis zu den frühesten schriftlichen Zeugnissen, dann lässt sich noch über sie hinaus zurückfragen: Wie sind denn die Erzählungen und Worte Jesu vorher überliefert worden? Die Verkündigung Jesu und die Botschaft der alttestamentlichen Propheten wurden mündlich

> »Jeder Text der Evangelien ist von Christen als Zeugnis ihres Glaubens verfasst.«

vorgetragen und von Mund zu Mund überliefert. In den ersten Gemeinden wurden die Erinnerungen an die Verkündigung Jesu, sein Wirken und Geschick zunächst mündlich weitergegeben. Erst später haben Schüler bzw. Jünger diese Aussprüche gesammelt, zusammengestellt, schriftlich niedergelegt und erläutert. Bis heute kann man in den Evangelien beobachten, dass sie aus kurzen Abschnitten zusammengesetzt sind, die vorher wahrscheinlich mündlich überliefert waren. Eine ähnliche Entwicklung von kurzen mündlich geprägten Worten bis zu längeren schriftlichen Sammlungen hat es auch bei den alttestamentlichen Propheten gegeben. Diese Untersuchungsrichtung wird verschieden benannt, die Bezeichnungen reichen von dem Terminus »Überlieferungsgeschichte« bis zu dem Begriff »Formgeschichte« oder »Formkritik«. Aus einer solchen Untersuchung ergibt sich sehr häufig, dass einzelne biblische Texte schon länger von Mund zu Mund weitergegeben wurden. Sie setzen sich zumeist aus kleinen Einheiten zusammen, die oft ein typisches Muster als Wundergeschichte oder als Streitgespräch haben. So werden durch die ersten Untersuchungsschritte nach der Textkritik die knappen Texte sichtbar, die nicht mehr teilbar sind und vermutlich am Anfang der Überlieferungsgeschichte standen.

> »Die Verkündigung Jesu und die Botschaft der alttestamentlichen Propheten wurden mündlich vorgetragen und von Mund zu Mund überliefert.«

b) Wie hat sich der Sinn biblischer Texte von Stufe zu Stufe entwickelt?

Manche, die so erleben, wie ein Bibeltext in seine verschiedenen Bestandteile zerlegt wird, fragen sich nach dem Sinn solcher Untersuchungen. Es geht ihnen wie beim Öffnen einer Matroschka. Je weiter man kommt, desto kleiner werden die Figuren, die ineinander geschachtelt sind. Am Schluss bleibt eine winzige Figur übrig, die so klein ist, dass sie nicht mehr weiter geöffnet werden kann. Macht die Untersuchung biblischer Geschichten auf ihr Werden und Wachsen hin die Texte nicht klein und unbedeutend? Zerstört sie nicht den Zusammenhang und den Respekt vor dem jetzigen Text der Bibel? Darauf antworten die meisten Fachleute mit Recht, dass sie nicht nur nach der frühesten Stufe eines Textes fragen und alle späteren Bestandteile als unbrauchbare Schalen dieses Kerns wegwerfen. Stattdessen erfassen sie mit den Stufen, die ein Text durchlaufen hat, die Predigtgeschichte dieses einen Textes. Wie beim Spiel mit einer Matroschka gehört dazu, dass man sie wieder zusammensetzt, bis alle Teile ein Ganzes bilden. Zur wissenschaftlichen Exegese gehört, dass alle Zeitstufen von den Anfängen bis zur letzten Stufe des Textes im Zusammenhang eines ganzen biblischen Buches betrachtet, interpretiert und gewürdigt werden. Es muss und darf gefragt werden, zu welcher Textsorte der fragliche Abschnitt gehört. Ist er ein Klagepsalm oder ein Liebeslied, ein Gleichnis oder eine Offenbarungsrede? Je nachdem kann es nützlich sein, andere Texte desselben Typs heranzuziehen, um typische Textstrukturen zu beachten. Schließlich gehört zur Exegese auf jeder Überlieferungsstufe die Untersuchung der einzelnen Sätze, der Begriffe, des Stils und der Themen eines Textes. Die Kultur, die Ökonomie und die Gesellschaft des Alten Orient müssen zu

»Die Kultur, die Ökonomie und die Gesellschaft des Alten Orient müssen zu Klärungen herangezogen werden.«

Klärungen herangezogen werden. Zum Beispiel: Wer hat eigentlich zu welchen Gelegenheiten Geld verwendet? Dabei sind auch historische Ereignisse zu bedenken, die die Geschichte dieser Landschaft und ihrer Bewohner geprägt haben.

Bei diesen Methoden hatten die Exegeten, die diese Methoden entwickelten, ein Interesse daran, den Reichtum der neu- und alttestamentlichen Schriften besser zu verstehen. Sie sahen, wie verschieden und immer wieder anders die Botschaft auf jeder Entwicklungsstufe eines Textes bereits innerbiblisch ausgelegt wurde. Das empfanden sie als Aufforderung, die eigene Predigtintention angesichts der aktuellen Herausforderungen verantwortlich zu bestimmen.

c) Feministische Exegese und befreiungstheologische
   Ansätze

Besonders umstritten waren und sind neuere Fragestellungen in der Exegese, die ihre aktuellen Interessen noch sehr deutlich erkennen lassen. Zwei von ihnen sollen hier genannt werden: Zum einen gehört in diesen Zusammenhang die feministische Bibelauslegung. Ihr Ziel ist, dass die Frauen in der Bibelexegese und in der heutigen Gemeindepraxis nicht verschwiegen und übergangen werden dürfen, sondern in ihrer eigenen Würde und Bedeutung wahrgenommen werden müssen. Dieses Anliegen kann sich zu Recht auf einige zentrale Bibeltexte berufen. So wird im ersten Schöpfungsbericht erzählt: *Und Gott schuf den Menschen zu seinem Bilde, zum Bilde Gottes schuf er ihn; und schuf sie als Mann und Frau* (1Mose 1,27). In ähnlicher Weise stellt Paulus fest: *... hier ist nicht Mann noch Frau; denn ihr seid allesamt einer in Christus Jesus* (Gal 3,28).

Beide Stellen werten Frau und Mann als Personen, die vor Gott gleiche Würde und gleiche Verantwortung haben. Dennoch ist die Welt der Bibel von der patriarchalen Kultur der Antike geprägt. Männer geben in der Familie, in ihrer Hauswirtschaft und in der Gesellschaft den Ton an; das soziale Gefälle stellt Frauen unter die Männer, Kinder unter die Väter und Sklaven unter die Herren. Auch dafür lassen sich in der Bibel viele Belege finden wie den berüchtigten Satz: *Die Frauen sollen schweigen in den Gemeindeversammlungen* (1Kor 14,34). Immerhin berichtet Paulus kurz zuvor, dass Frauen in den Gemeinden öffentlich beten und prophetisch reden (1Kor 11,5). Umso beachtlicher sind die grundsätzlichen biblischen Wertungen, die die religiöse Stellung der Frau nicht mit ihrer sozialen Position gleichsetzen. Die grundlegenden Aussagen in 1Mose 1 und Gal 3 werden erst dann in ihrer Bedeutung gewürdigt, wenn man sie vor dem patriarchalen Hintergrund bedenkt.

Ähnliches gilt für die Anregungen der lateinamerikanischen Befreiungstheologie, die systematisch nach der Zuwendung Gottes zu den Armen und Entrechteten in der Bibel und den heutigen politischen Konsequenzen daraus fragen. Zwar sind diese Richtungen ähnlich wie die tiefenpsychologische Deutung der Bibel stark anwendungsbezogen und bringen besonders die Fragen und Interessen heutiger Leser in die Bibelauslegung ein. Doch solange sie auch ihre Vermutungen wissenschaftlich überprüfen und dem methodischen Zweifel aussetzen lassen, können diese Fragen fruchtbar werden. Es lässt sich unschwer erkennen, dass Anstöße der feministischen Exegese und die befreiungstheologischen Ansätze in der sozialgeschichtlichen Untersuchung biblischer Texte ihren Platz finden und zu einer besseren historischen Erfassung der biblischen Zeit und ihrer Texte beitragen. Sie haben darüber hinaus das aktuelle Interesse und den Anspruch, dass ihre Ergebnisse in die kirchliche und politische Praxis übernommen werden. Doch bevor Ergebnisse aus der Exegese in den Gemeinden praktiziert werden, müssen sie sorgfältig auf ihren Stellenwert hin geprüft werden. Das ist eine Aufgabe anderer theologischer Fächer, vor allem der Systematischen und der Praktischen Theologie.

Man kann zusammenfassen: Die Geschichte der Bibelauslegung beginnt schon vor der Bildung des biblischen Kanons. Sie hat sich im Lauf der Jahrhunderte immer weiter durch intelligente Hilfsmittel und neue Fragestellungen verfeinert. Trotz der schier erdrückenden Fülle der Methoden und Fragestellungen der Bibelauslegung bleibt es aber bei dem, was wir oben im fünften Kapitel dargestellt haben: Die Exegese hat ihren wichtigen Platz in der zweiten, der analytischen Phase der Beschäftigung mit einem Bibeltext. Die intuitive Phase der ersten Begegnung mit dem Text und die dritte Phase einer kreativen Anwendung auf das eigene kirchliche und politische Leben gehen in die wissenschaftlich-kritische Bibelauslegung ein. Sie haben diese immer angeregt und können dieser weiter Impulse geben, aber sie sind von ihr nicht zu ersetzen. Das eigene aufmerksame Lesen und die eigene Suche nach der Bedeutung biblischer Texte sind durch keine Methoden und keine Wissensspeicher zu ersetzen.

Literaturhinweise

Die Methoden der Bibelwissenschaft werden in einer Vielzahl von Lehrbüchern vorgestellt. Hier können nur exemplarisch zwei von ihnen genannt werden:

Eckart Reinmuth / Klaus Michael Bull, Proseminar Neues Testament. Texte lesen, fragen, lernen, Neukirchen-Vluyn 2006

Thomas Söding, Kleine Methodenlehre zum Neuen Testament, Freiburg im Breisgau 2005

Weitere Literaturhinweise

Albrecht Beutel, Die Formierung neuzeitlicher Schriftauslegung und ihre Bedeutung für die Kirchengeschichte, in: Friederike Nüssel (Hrsg.), Schriftauslegung, Themen der Theologie 8, Tübingen 2014, 141–177

Volker Drecoll, Exegese als Grundlage der Theologie in der Alten Kirche und im Mittelalter, in: Nüssel 2014, 105–140

Joachim Vette, Art. Bibelauslegung, historisch-kritische, in: WiBi-Lex http://www.bibelwissenschaft.de/stichwort/15249/

7 Ein Beispiel für historisch-kritische Bibelauslegung: Das Gleichnis vom verlorenen Silbergroschen

Das letzte Kapitel hat die wissenschaftliche Bibelauslegung recht theoretisch dargestellt. Was sie praktisch erbringen kann, um das differenzierte Verständnis der Texte zu fördern, soll nun an einem Beispiel vorgeführt werden. Das Gleichnis vom verlorenen Groschen findet sich zwischen der Geschichte vom verlorenen Schaf und der vom verlorenen Sohn in Lk 15. Diese Komposition von drei Gleichnissen vom Verlorenen verdanken wir wahrscheinlich dem Evangelisten Lukas, der sein Werk um das Jahr 85 n. Chr. verfasst hat. Damit liegen über 50 Jahre zwischen dem Erzähler und Prediger Jesus von Nazareth einerseits und der schriftlichen Wiedergabe seiner Botschaft durch Lukas andererseits. Das sind mehr als zwei Generationen, in denen das Gleichnis in verschiedenen Situationen erzählt, aktuell ausgelegt und weitergegeben wurde. Davon zeugen einige Spuren im Text. Sie dienen der Bibelwissenschaft als Anhaltspunkte für ihre Analysen, die nach dem frühesten Stadium des Textes suchen. Dabei ergeben sich Stufen und Deutungen, die dem Text im Lauf seiner Geschichte zugewachsen sind. Von der frühesten Stufe an sollen im Folgenden diese Stadien der Textgeschichte gedeutet werden. Viele Fragen, Beobachtungen und Informationen sind dafür im Lauf der Auslegungsgeschichte gesammelt worden. Das gehört zum Charakter der Bibelwissenschaft, die sich darin von anderen Wissenschaften nicht unterscheidet.

7.1 Wie ist das Gleichnis vom verlorenen Silber-
groschen gewachsen?

Im 15. Kapitel des Lukasevangeliums stehen die drei Gleichnisse vom Verlorenen in einem erzählerischen Rahmen
(15,1.2): *¹Es nahten sich ihm aber alle Zöllner und Sünder,
um ihn zu hören. ²Und die Pharisäer und die Schriftgelehrten murrten und sprachen: Dieser nimmt die Sünder an und
isst mit ihnen.*

Zwei sehr verschiedene Gruppen von Zuhörern werden
vorstellt. Schon die historisch-kritische Frage nach dem ursprünglichen Wortlaut des Textes bringt ein interessantes
Ergebnis. Nicht jede Handschrift bietet das griechische Wort
für »alle«. Da die Mehrzahl der älteren handschriftlichen
Zeugen das Wort aber enthalten, gehört es ohne Zweifel
zum ursprünglichen Text. Die Auslassung in den späteren Handschriften zeigt aber eine Frage an, die schon die
Abschreiber bewegte: Haben sich denn an einem Tag wirklich »*alle* Zöllner und Sünder« bei Jesus versammelt? Dazu kommt die ähnliche Bemerkung: »*die* Pharisäer und
die Schriftgelehrten murrten«, also auch eine unwahr-
scheinlich große Gruppe, die sich hier gegen Jesus stellt. Warum ist diese Szene so idealtypisch gestaltet, dass alle Adres-
saten der Botschaft Jesu und alle Kritiker zusammen
auftreten?

Für die erste der drei Geschichten vom Verlorenen findet
sich im Matthäusevangelium (18,12–14) eine Parallele, auch
dort lesen wir das Gleichnis vom verlorenen Schaf. Doch es
wird in eine ganz andere Szene eingefügt und anderen Hörern, den Jüngern, vorgetragen. Von daher kann man die
zweite historisch-kritische Frage beantworten, wann die drei

Gleichnisse und ihr Rahmen zusammengestellt wurden. Mit einiger Sicherheit wurden die drei Erzählungen ursprünglich ohne die szenischen Angaben überliefert. Für das Gleichnis vom verlorenen Schaf gab es wahrscheinlich eine schriftliche Quelle, aus der Lukas und Matthäus auch viele andere Sprüche und Gleichnisse übernommen und in ihre Werke eingefügt haben. Diese Quelle wird daher zumeist die »Redequelle (Q)« oder »Logienquelle« genannt, weil in ihr vor allem Worte Jesu enthalten waren. Woher die Geschichten vom verlorenen Silbergroschen und die vom verlorenen Sohn stammen, lässt sich nur vermuten. Ob sie schon schriftlich vorlagen oder mündliche Überlieferung darstellen, ist nicht sicher zu klären. Sehr wahrscheinlich ist aber, dass der Evangelist selbst diese drei Gleichnisse zusammenfügte und ihren Rahmen schuf.

Die dritte historisch-kritische Frage bezieht sich damit auf den Umfang, den das Gleichnis vom verlorenen Silbergroschen in der mündlichen Überlieferung hatte. Hier sind wir auf Beobachtungen an dem kleinen Text selbst angewiesen. Einige Forscher rechnen mit guten Gründen damit, dass am Anfang die reine Erzählung steht, die auf Jesus zurückgeht:

Welche Frau, die zehn Silbergroschen hat und einen davon verliert, zündet nicht ein Licht an und kehrt das Haus und sucht mit Fleiß, bis sie ihn findet? Und wenn sie ihn gefunden hat, ruft sie ihre Freundinnen und Nachbarinnen und spricht: Freut euch mit mir; denn ich habe meinen Silbergroschen gefunden, den ich verloren hatte (Lk 15,8–9).

Selbstverständlich hat der historische Jesus ausführlicher mit den Hörerinnen und Hörern gesprochen; vieles davon ist nicht mehr überliefert. Doch im Gedächtnis blieb der Kern seiner Verkündigung, eine Kurzgeschichte, die damals seine Zuhörer tief beeindruckte. Denn sie enthielt eine Lösung für ein Problem, das damals viele beschäftigte. Vermutlich war diese Geschichte Teil eines längeren Gesprächs und dessen Höhepunkt.

Wahrscheinlich erst auf einer zweiten Stufe ist dieser Erzählung eine Auswertung angeschlossen worden: *So, sage ich euch, ist Freude vor den Engeln Gottes über einen Sünder, der Buße tut (15,10).*

Diese Pointe legt den Schwerpunkt auf den einen verlorenen Silbergroschen. Die neun anderen spielen für diese Deutung keine Rolle mehr. Es ist aber zu erwarten, dass die Zehnzahl dieser Drachmen inhaltlich bedeutsamer ist, als es in dieser Auswertung in Vers 10 der Fall ist. Nach diesem Sinn des Gleichnisses werden wir fragen müssen.

Die Analyse macht also drei Stufen sichtbar, die dieser Text wahrscheinlich durchlief: das reine Gleichnis Jesu als Ausschnitt seiner Verkündigung, das in der frühen Gemeinde kommentierte Gleichnis und die Sammlung der drei Gleichnisse im lukanischen Werk.

7.2 Wie sind die drei Stufen zu interpretieren?

a) Erste Stufe: Freut euch mit mir!
Wir kennen alle die Situation, dass wir etwas Kostbares verloren haben. Die intensive Suche danach ist selbstverständlich. Wenn sich der gesuchte Gegenstand endlich wiederfindet, ist die Freude groß und wird noch größer, wenn wir anderen unsere Erleichterung mitteilen. So gesehen haben wir eine all-

tägliche Situation vor uns. Doch stellt sich bei diesem Text wie bei vielen anderen Bibeltexten die Frage, warum diese Alltagsszene geschildert wird, welches Verständnis sie dem Leser auf einer anderen Ebene nahelegen soll.

Wir fragen daher zunächst danach, was genau erzählt wird. Die zehn Drachmen (Silbergroschen) dürften in der Zeit Jesu alles darstellen, was diese Frau an Finanzen besitzt. Es ist vielleicht ihr – ärmlicher – Brautschatz und dient als Notgroschen, nicht als Haushaltsgeld. Von einer Drachme könnte eine Person längere Zeit leben. Dass der Text zu Beginn die Zahl Zehn nennt, ist keineswegs zufällig. Das eine Silberstück bildet mit den neun anderen Münzen zusammen eine runde Summe. Diese größere Einheit ist jetzt zerstört. Die Frau fegt daraufhin ihr fensterloses, einräumiges Haus, die armselige Hütte der kleinen Leute in Palästina. Dazu braucht sie auch am Tage ein Licht. Auf dem festen Boden kann eine Münze klirren oder glänzen und so gefunden werden. Als sich der Erfolg einstellt, ist die Freude darüber, dass ihr Schatz wieder komplett ist, so groß, dass sie es den Freundinnen und Nachbarinnen mitteilt.

Soweit die Geschichte, doch wie ist sie zu deuten? Es geht in der Geschichte nicht nur um ein einzelnes Element, sondern um die gestörte Ganzheit der zehn Münzen. Ähnlich fehlt ja in dem vorhergehenden Text (Lk 15,3–7) ein Schaf von hundert, also wird auch dort die runde Zahl nicht mehr erreicht.

Das lässt uns weiter fragen, welche Hörer Jesus vor sich hatte und welche Probleme sie mit ihm besprochen haben könnten. Welche Einheit war damals bedroht? Und wo ging es um ein zerstörbares Ganzes? Vermutlich hatten Jesus und seine Hörer vor Augen, ja schmerzlich erlebt, wie zerrissen damals das jüdische Volk war. Wer nicht zur eigenen Gruppe gehörte und ihre Ziele teilte, galt rasch als Verräter am Glauben der Väter. Das Konzept zur Lösung der jüdischen Krise war von Bewegung zu Bewegung recht verschieden, enthielt aber an vielen Stellen bis hin zur Jesusbewegung selbst die Tendenz zum Ausschluss anderer (Lk 11,23: *Wer nicht mit mir ist, der ist gegen mich*). Angeblich nur in der eigenen Gruppe und nur durch die eigene Überzeugung sollte das Heil erreichbar sein. Die Ordnung Gottes konnte nach einem verbreiteten Denkmuster nur hergestellt werden, wenn die Sünder, die Unreinen, die Römerfreunde, die Feinde des Tempels oder die Gesetzesverächter ausgeschlossen wurden. So traf das Gleichnis auf die Bereitschaft der Hörer zur Abgrenzung von den anderen, die nicht genauso dachten und glaubten wie sie selbst. Ordnung hieß für sie wie für viele Menschen bis heute, nahezu zwanghaft alles Störende, alle Störer auszuschließen.

Der Gleichniserzähler nimmt das Denken seiner Gesprächspartner zunächst auf und bestätigt sie darin: Gewiss, Gott will Ordnung haben und wird sie schaffen (vgl. 1Kor 14,33). Soweit reicht die Übereinstimmung zwischen dem Erzähler und seinem Publikum. Doch dann folgt die überraschende Wendung, die Einladung zu einem anderen Denken: Gottes Heilsordnung entspricht der Hausordnung einer fleißigen Hausfrau. Sie hat erst Ruhe, wenn sie alle sieben Sachen beisammen hat, wenn ihr Brautschatz wieder vollständig ist. Ihre Ordnung schließt gerade nicht aus, sondern alle ein. Übertragen auf Gott: Sein Ziel ist erst dann erreicht, wenn alle gerettet sind und das Ganze wiederhergestellt ist. Heil im Sinne Gottes zielt auf die gefährdete und oft genug verlorene Gemeinschaft der Kinder Gottes.

Besonders überraschend wirkt diese Pointe, weil in diesem Gleichnis die Hausordnung einer armen Frau als Beispiel für Gottes Handeln genutzt wird. Sonst wird sein Wirken eher mit einem König, einem Vater oder Großbauern verglichen. Diese Überraschung provoziert die Hörer und regt sie im guten Fall zu einer Veränderung im Denken und Handeln an. Sie sollen die Trennung von anderen, angeblich unzuverlässigen »Elementen« als eigenen Verlust erleben und sich über die Rückkehr eines Verlorenen in die Gemeinschaft mit Gott freuen. Sie darf auch Mühe und Arbeit kosten. Das wird für so selbstverständlich gehalten wie die Mitfreude der Nachbarinnen.

Diese Deutung ist auch deswegen möglich und naheliegend, weil das Bild Gottes in Lk 15,8–9 viele Parallelen in der Jesustradition hat. Ganz ähnlich wird die Feindesliebe in der Bergpredigt begründet:

Liebt eure Feinde und bittet für die, die euch verfolgen, damit ihr Kinder seid eures Vaters im Himmel. Denn er lässt seine Sonne aufgehen über Böse und Gute und lässt regnen über Gerechte und Ungerechte (Mt 5,44–45).

b) Zweite Stufe: Freude über einen Sünder
Wir lesen und interpretieren das Gleichnis nun zusammen mit seiner Deutung in Vers 10: *So, sage ich euch, ist Freude vor den Engeln Gottes über einen Sünder, der Buße tut.* Wann diese Deutung dem Gleichnis zugefügt wurde, ist nicht sicher. Sie legt jedenfalls den Nachdruck auf den Schluss der Erzählung. Die wieder erreichte Vollzahl der zehn Münzen, die Gemeinschaft als Ganze, tritt etwas in den Hintergrund, ein anderer Zug der Geschichte gewinnt größeres Gewicht: Jetzt wird die Freude über den Einzelnen be-

tont, der verloren war, aber durch Buße wieder auf den Weg zu Gott fand. Das Gleichnis vom verlorenen Schaf wird in Lk 15,7 ganz ähnlich, aber etwas ausführlicher gedeutet. Hier denken offenbar Christen darüber nach, was es bedeutet, wenn Sünder von außen zur Gemeinde stoßen. Dabei ist mit Sünde nicht so sehr eine einzelne Tat gemeint, sondern die Trennung von Gott, wie sie der Zöllner im Tempel beklagt (Lk 18,13). Die Gemeindeglieder werden an ihre eigene Herkunft erinnert, denn auch sie sind ja erst für den christlichen Glauben gewonnen worden, haben also einst Buße getan. Also dürfen sie umkehrwillige Menschen nicht nach ihrem Vorleben beurteilen, sondern nur nach ihrer Bereitschaft, jetzt ihr Leben zu ändern. Dann sollen und dürfen diese Menschen bedingungslos willkommen sein. Schaut man sich die Geschichte genauer an, dann erscheint am Ende sogar der Erzähler selbst als Kommentator (*so, sage ich euch …*). In der nachösterlichen Gemeinde hörte man dabei den Gottessohn sprechen. Er kannte den Willen Gottes und ist der eigentliche Hirte, der sich um seine verlorenen Schafe kümmert. Darum konnte man auf sein Wort vertrauen und sich von ihm mahnen lassen, Freude an der Umkehr anderer zu empfinden. Sie nicht mit Gewalt zu erzwingen, war jetzt die Aufgabe, vor die sich die Gemeinden gestellt sahen.

c) Dritte Stufe: Pharisäer und Schriftgelehrte gegen Zöllner und Sünder

Das Gleichnis von dem verlorenen Silbergroschen mit seiner Deutung hat Lukas zusammen mit dem Gleichnis vom verlorenen Schaf samt seiner Deutung und dem vom verlorenen Sohn zu einer eindrucksvollen Komposition zusammengefügt.

Aber warum hat Lukas ein so riesiges Publikum mit allen Zöllnern und Sündern bei Jesus versammelt, zu denen noch die Pharisäer und die Schriftgelehrten hinzukommen? Offenbar hat der Evangelist nicht eine bestimmte historische Situation damals in Galiläa im Blick, sondern das gesamte Wirken Jesu. Auf der größten denkbaren Bühne sollen die Gleichnisse Jesu nun zur Geltung kommen. Die Größe der Szene sollte der Bedeutung der Worte Jesu entsprechen.

Lukas setzt natürlich seinen Schwerpunkt durch das Gleichnis vom verlorenen Sohn und dessen offenen Schluss, der den älteren Bruder einlädt, sich zu freuen und mitzufeiern. Doch wie sich der missmutige Sohn entscheidet, bleibt offen. Hier fehlt auch jeder Kommentar, der über die Erzählung selbst hinausführt. Der Leser wird mit der Frage entlassen: Wie könnte es weitergehen?

Nach diesem Höhepunkt des Kapitels könnte man sich zwar einen szenischen Schluss, die Rückkehr zur Rahmenhandlung, also eine Begegnung Jesu mit den Zöllnern und Sündern oder ein weitergehendes Streitgespräch mit den Pharisäern und den Schriftgelehrten vorstellen. Aber das Kapitel endet mit einem harten Schnitt. Die nächste Szene ab Lk 16,1 sieht Jesus im Gespräch mit seinen Jüngern. Dafür ist der Beginn des Kapitels 15 aufschlussreich für das, was der Evangelist unterstreichen will. Dort steht die Person Jesu zwischen allen Zöllnern und Sündern auf der einen Seite und allen Kritikern seiner Zeit auf der anderen. Eigentlich ist von der ersten Gruppe in Vers 1 nur berichtet, dass sie dem Meister zuhören wollen. Doch die Kritiker bemängeln, dass Jesus sich mit den Sündern an einen Tisch setzt. Es geht in dem Vorwurf nicht nur um eine einzelne Begebenheit, sondern um das Verhalten Jesu insgesamt. Schon in

Lk 5,30 f. lesen wir den gleichen Vorwurf und die Antworten Jesu:

> *Und die Pharisäer und ihre Schriftgelehrten murrten und sprachen zu seinen Jüngern: Warum esst und trinkt ihr mit den Zöllnern und Sündern? Und Jesus antwortete und sprach zu ihnen: Nicht die Gesunden bedürfen des Arztes, sondern die Kranken. (Lk 5,30 f.)*

Lukas zeigt Christus als den Heiland der Verlorenen, als den guten Hirten, der den Verlorenen nachgeht, von seinen Gegnern jedoch dafür hart kritisiert wird. So verteidigen die drei Gleichnisse nunmehr die Praxis Jesu und seiner Gemeinde nach ihm. Die Kritiker erscheinen am Schluss der Rede in dem älteren Bruder wieder. Sie sind durch seine Figur eingeladen, *fröhlich und guten Mutes* zu sein, also am Fest und an der Mahlgemeinschaft teilzunehmen. Die Einladung gilt nach wie vor – für alle.

7.3 Deutungen des Textes für heutige Leser

Wir hatten oben (5.2) drei Phasen des Verstehens biblischer Texte unterschieden. Die historisch-kritische Arbeit war dabei die zweite Phase. Sie versucht, so genau wie möglich zu erfassen, was die biblischen Texte in ihren verschiedenen Stadien den damaligen Hörern bedeuteten. Doch das erschließt den Abschnitt noch nicht für heutige Leserinnen und Hörer. Sie werden sich allein oder im Gespräch überlegen, was dieser Text und seine Botschaft heute für sie selbst bedeuten. Das fällt umso leichter, je genauer die Rückfrage nach dem historischen Sinn ausgefallen ist. Dies ermöglicht erfahrungsgemäß die Entdeckungen von Parallelen zum eigenen Leben bis hin zur selbstkritischen Frage: Bin ich etwa besser, glücklicher oder so völlig anders, als es die Personen und Figuren in biblischen Geschichten sind? Auch der eigene Zweifel, das eigene Leid und bittere Erfahrungen können dabei in das Nachdenken eingeschlossen werden. So beginnt die dritte Phase der Aneignung biblischer Texte durchaus nicht immer mit der völligen Zustimmung zu dem Text, sondern sie bleibt ein Weg mit »Ja« und »Aber«.

Das Gleichnis vom verlorenen Silbergroschen bietet sich für verschiedene Deutungen auf unsere Situation an, da schon in seinem Wachstum verschiedene Pointen erkennbar sind.

a) Wahrscheinlich ist bis heute das Gottesbild dieses Gleichnisses eine Überraschung. Wir sind gewohnt, in Bildern der Stärke von Gott zu denken. Er ist der Vater, der König, der Herrscher usw. Das Gleichnis setzt daran ein Fragezeichen und macht deutlich, dass Vater, König und Herrscher nur Bilder für eine unsagbare Wirklichkeit sind. Exakt formuliert Psalm 103,13: *Wie sich ein Vater über Kinder erbarmt, so erbarmt sich der HERR ... (Ps 103,13).* Ähnlich kann die Bibel – an nicht sehr zahlreichen Stellen – von Gott auch sagen: *Ich will euch trösten, wie einen seine Mutter tröstet (Jes 66,13).* Die Überraschung, dass Gottes Willen mit dem Bemühen einer Hausfrau um ihre inklusive Ordnung verglichen wird, fragt die Hörer, ob sie Gottes Wirklichkeit nicht auch im Kleinen und Unscheinbaren entdecken können und sollen.

b) Eine zweite Überlegung kann heute bei den Vorstellungen von Ordnung ansetzen, die für das ursprüngliche Gleichnis den Hintergrund bilden. Es wird kaum jemanden geben, der sich gelegentlich nicht heimlich wünscht, unbequeme und lästige Menschen, Andersdenkende und Anhänger anderer Überzeugungen auszuschließen, jedenfalls von sich fernzuhalten. Die Unterscheidung von eigenen Angehörigen und den Fremden gehört zu den Grundmustern menschlichen Lebens. Dass das gefährlich sein kann und in hohem Maße dem widerspricht, was Jesus gelehrt und gelebt hat, lässt sich als Frage an uns in diesem Gleichnis nicht überhören.

c) Eine dritte Überlegung kann das Schicksal des Gleichniserzählers Jesus in die Aneignung des Textes einbeziehen. So wie Lukas am Anfang des Kapitels Jesus mit seinen Gegnern generell konfrontiert, deutet sich der Weg Jesu in Leid und Tod an. Für die Botschaft der Versöhnung in der Familie, in der Nachbarschaft und in der Gesellschaft hat Jesus mit seinem Leben bezahlt. Dieser Preis war hoch und macht deutlich, dass die Aufhebung von Feindschaft, die Vereinigung von Getrennten, das Umdenken in verfahrenen Situationen stets Mühe und Einsatz der eigenen Person erfordert. Scheinbar einfache Lösungen, die nichts kosten, führen meist nicht zum erwünschten Erfolg.

Dieses knappe Beispiel eines Bibeltextes und seiner historisch-kritischen Auslegung auf den jeweiligen Stufen der Überlieferung mag verdeutlichen, dass sorgfältiges Lesen biblische Texte aufschließen, verschiedene Erfahrungen aus der Auslegungsgeschichte wahrnehmen und Variationen der biblischen Prediger über diesen Text erkennen kann.

Das Gleichnis vom verlorenen Silbergroschen verwendet als Bild für Gott ungewöhnlicherweise eine arme Frau. Sie schafft Ordnung, indem sie alles, was ihr gehört, zusammenhält. Sollte Gott das nicht auch so wollen?

Literaturhinweise

François Bovon, Das Evangelium nach Lukas (Lk 15,1–1927). Evangelisch-Katholischer Kommentar zum Neuen Testament III/3. Neukirchen 2001, 30–37

Christoph Kähler, Jesu Gleichnisse als Poesie und Therapie. Versuch eines integrativen Zugangs zum kommunikativen Aspekt von Gleichnissen Jesu (WUNT 78) Tübingen 1995, 109–117

8 Die Bibel und ihre Übersetzungen

8.1 Warum gibt es für die eine Bibel so viele Übersetzungen?

Wenn die Sprache der Bibel und die Muttersprache der Glaubenden nicht mehr übereinstimmen, wird eine Übersetzung benötigt. Diese Aufgabe wurde, soweit wir wissen, zum ersten Mal gelöst, als große Gruppen von Juden im antiken Ägypten sich nicht mehr hebräisch verständigten. Einer der ersten, der sich zu den Schwierigkeiten einer angemessenen Übersetzung äußerte, ist der einzige uns bekannte Übersetzer der Septuaginta. Jesus Sirach hatte als Weisheitslehrer sein Buch um 175 v.Chr. hebräisch niedergeschrieben, das als Teil des Alten Testaments anerkannt wurde. Der Enkel übertrug diese Schrift ins Griechische und gab dem Werk eine Vorrede. Darin heißt es:

> *»Darum bitte ich euch, dies Buch freundlich aufzunehmen und aufmerksam zu lesen und dort Nachsicht zu üben, wo es scheint, dass wir einige Worte nicht recht getroffen haben, obwohl wir uns bemühten, gut zu übersetzen. Denn was in hebräischer Sprache geschrieben ist, wirkt nicht ebenso, wenn man's in einer andern Sprache wiedergibt.«*

Im Grunde müsste jeder Übersetzer seinen Bemühungen solche Hinweise voranstellen. Denn jede Sprache stellt ein eigenes System dar, das sich nicht eins zu eins in ein anderes übertragen lässt.

Im deutschen Sprachraum gibt es zurzeit etwa 40 verschiedene Bibelübersetzungen. Das beweist, dass immer wieder Menschen das Buch der Bücher in ihre eigene Sprachform übertragen wollen, weil die bisherigen Ausgaben ihren Ansprüchen so nicht genügen. Die eine richtige Übersetzung für jeden und für alle Zeiten gibt es nicht und kann es nicht geben,

»Im deutschen Sprachraum gibt es zurzeit etwa 40 verschiedene Bibelübersetzungen.«

weil sich jede gesprochene Sprache ständig verändert und weil die Ziele der Übertragung sehr verschieden sein können. Welche Zielgruppe soll diese Bibel lesen? Soll sie Bildungsbürger ansprechen oder von Alltags- und Umgangssprache geprägt sein und Jugendliche in ihrer Sprache erreichen? Soll die Bibelübersetzung vor allem präzise informieren oder auch ihren emotionalen Gehalt oder ihre Ansprüche an den Leser besonders verdeutlichen? Dazu kommt, dass die einzelnen Konfessionen, wie die lutherische, die römisch-katholische oder die reformierte Kirche je ihre Übersetzungen haben. Diese werden von Zeit zu Zeit überarbeitet, weil neue Ergebnisse der Archäologie, der Philologie und der Theologie einen anderen Ausdruck fordern oder die deutsche Sprache sich bereits merklich verändert hat. So kann man fragen, welche Ausgabe der reformierten Zürcher Bibel oder der römisch-katholischen Einheitsübersetzung gerade vorliegt. Wer eine alte Lutherbibel von Eltern oder Großeltern geerbt hat, wird wissen, wie altertümlich nicht nur deren Schrift, sondern auch deren Wortlaut neben einer heutigen Ausgabe der Lutherbibel erscheint. Das weist darauf hin, dass die Übersetzung, die auf Martin Luther zurückgeht, ebenfalls immer wieder nicht nur im Schriftbild, sondern auch im Text sprachlich modernisiert wurde. Anders ist die anglikanische Kirche mit ihrer King-James-Bibel von 1611 umgegangen. Sie muss unverändert gedruckt werden und bewahrt so ein sehr altertümliches Englisch. Doch finden sich in ihrer Tradition einige englische Übersetzungen, die gut mit der revidierten Lutherbibel vergleichbar sind. Denn sie benutzen die heutige Orthographie und Ausdrücke der Gegenwartssprache, halten sich aber weitgehend an den Duktus ihrer älteren Vorlage. Wenn wir in andere Sprachräume schauen, bietet sich ein ähnliches Bild. In allen Weltsprachen finden sich viele verschiedene Bibelübersetzungen. Davon sind nicht wenige Überarbeitungen früherer Fassungen. Das Bild ist bunt.

>>In allen Weltsprachen finden sich viele verschiedene Bibelübersetzungen.<<

8.2 Worin unterscheiden sich Bibelübersetzungen?

Alle Übersetzungen bewegen sich zwischen zwei Polen, einer wortwörtlichen Übertragung, die möglichst nahe beim Ausgangstext bleibt, und einer, die möglichst verständlich sein soll, also die Zielsprache besonders beachtet. Für das eine Extrem stehen die Interlinearübersetzungen, die – als eigene Zeile unter den fremdsprachigen Text gesetzt – Wort für Wort abbilden. Sie gehen dabei so weit, dass sie dafür auch die Regeln der deutschen Grammatik verletzen. Den anderen Typus bilden Nachdichtungen, die in einer eigenen dichterischen Sprache den poetischen Gehalt der Vorlage schöpferisch nachbilden. Je nach Nähe zu dem einen oder dem anderen Pol lassen sich die deutschen wie Bibeln in anderen Sprachen charakterisieren.

Für den einen Typus stehen die wörtlichen Übersetzungen, die nahe beim Ausgangstext bleiben, also die Übersetzung dem griechischen oder hebräischen Duktus nachempfinden. Das kann so weit gehen, dass die Übersetzer neue Worte erfinden, die im Deutschen bisher nicht gebräuchlich waren. Eine klassische Übertragung, die ganz nahe beim hebräischen Text bleibt und für jede hebräische Vokabel nur eine deutsche Entsprechung nutzt, stellt »Die Schrift« dar. So heißt die Übersetzung der hebräischen Bibel durch Martin Buber (1878–1965) und Franz Rosenzweig (1886–1929). Sie begann 1926 als Gemeinschaftswerk der beiden Gelehrten und wurde nach dem Tod Rosenzweigs von Buber vollendet, der sie zwischen 1954 und 1962 nochmals überarbeitete.

> »Die wörtlichen Übersetzungen bleiben nahe beim Ausgangstext.«

Wie die Hinde lechzt
an Wasserbetten,
so lechzt meine Seele,
Gott, nach dir.

Meine Seele dürstet
nach Gott, nach dem lebendigen Gottherrn:
wann darf ich kommen,
mich sehn lassen vor Gottes Antlitz?

Meine Träne ist mir Brot worden
tages und nachts,
da man all den Tag zu mir spricht:
Wo ist dein Gott?

(Martin Buber / Franz Rosenzweig:
Die Schrift [1962], Preisungen [= Psalmen] 42,2–4.)

Es liegt auf der Hand, dass diese Weise der Übersetzung einige Anforderungen an die Leser stellt. Sie müssen sich in diese sehr eigene Sprache einhören. Die Fremdheit der Sprache, des Stils und der Kultur in erheblichem Maß benötigen einige Vorbildung. Zugleich aber haben Buber und Rosenzweig die eigengeprägte Sprache durch eine Poesie ergänzt, die wortwörtlichen Übersetzungen meist fehlt.

Der andere Typ der Übertragung strebt ein möglichst natürliches Deutsch an, das auch auf Kosten der Genauigkeit bei der Wiedergabe des fremden Textes gehen kann. Er richtet sich nach heutigem Sprachempfinden, verwendet kürzere Sätze und lässt oft auch knappe Erläuterungen in den Text einfließen. Der Satzbau und die Verschachtelungen des antiken Textes werden oft nicht übernommen. Weil sie auf die sprachlichen Gewohnheiten der Leser Rücksicht nehmen, werden solche Übertragungen »kommunikative Übersetzungen« genannt. Sie erleichtern zunächst den Zugang, stellen an Vorwissen und sprachliche Bildung keine hohen Ansprüche.

> »Übertragungen, die auf die sprachlichen Gewohnheiten der Leser Rücksicht nehmen, werden ›kommunikative Übersetzungen‹ genannt.«

Zu diesem Übersetzungstyp gehört etwa die »Gute Nachricht Bibel«, die in einem einfachen modernen Deutsch gehalten ist. Sie stellt ein ökumenisches Gemeinschaftsprojekt dar, an dem sich die evangelische Deutsche Bibelgesellschaft und das Katholische Bibelwerk wie auch die österreichischen und schweizerischen Bibelwerke beider Konfessionen beteiligen. Die »Gute Nachricht Bibel« startete 1968 und war stark von den Übersetzungstheorien des berühmten US-amerikanischen Übersetzers und Sprachwissenschaftlers Eugene Albert Nida (1914–2011) bestimmt. Allerdings bedurfte sie auch einiger Überarbeitungen, ehe nach den ersten Anfängen der jetzige Stand (1997) erreicht wurde. Sie ist heute im deutschen Sprachraum sehr verbreitet und wird im Religionsunterricht, in der Jugendarbeit und bei Bibelarbeiten gern genutzt.

> *Wie ein Hirsch nach frischem Wasser lechzt,*
> *so sehne ich mich nach dir, mein Gott!*
> *Ich dürste nach Gott,*
> *nach dem wahren, lebendigen Gott.*
> *Wann darf ich zu ihm kommen,*
> *wann darf ich ihn sehen?*
>
> *Tränen sind meine Nahrung*
> *bei Tag und Nacht*
> *weil man mich ständig fragt:*
> *»Wo bleibt er denn, dein Gott?«*

(Gute Nachricht Bibel [1997] Psalm 42,2–4)

Ein weiterer Versuch, ein gut verständliches Deutsch zu schreiben, ohne den Inhalt zu verfälschen, liegt mit der BasisBibel aus Stuttgart vor. Auch sie setzt wenig Vorwissen voraus und bemüht sich um ein leicht aufzufassendes Deutsch. Sie bietet die notwendigsten zusätzlichen Informationen jedoch nicht durch Aufweitungen des laufenden Textes, sondern durch Verweise, mit denen knappe lexikalische Erklärungen elektronisch aufgerufen werden können. Wo sie für das Verständnis der Texte nötig sind, werden diese im gedruckten Exemplar am Rand aufgeführt. Die Stichworte sind farbig markiert, so dass die Nutzer schon beim Lesen auf diese Hyperlinks aufmerksam werden. In der Regel verwendet die Basisbibel weniger Worte als andere kommunikative Übersetzungen, weil sie weniger Erklärungen und Umschreibungen direkt in den Text aufnimmt. Dieser Unterschied wird an den unterschiedlichen Übersetzungen der ersten Seligpreisung in der Bergpredigt Mt 5,3 anschaulich:

– Die »Gute Nachricht Bibel« braucht in modernem Deutsch für zwölf griechische 20 deutsche Worte: »*Freuen dürfen sich alle, die nur noch von Gott etwas erwarten – mit Gott werden sie leben in seiner neuen Welt.*« Zusätzlich gibt es eine Anmerkung: »wörtlich *die Armen in Bezug auf den Geist*«.

– Die BasisBibel gibt das Griechische mit 16 Worten wieder: »*Glückselig sind die, die wissen, dass sie vor Gott arm sind. Denn ihnen gehört das Himmelreich.*« Aus einem langen Satz wurden zwei kürzere und in einer Anmerkung am Rand findet sich die Erläuterung »vor Gott arm: Menschen, die alles von Gott erwarten«.

– Zum Vergleich: Die sehr wörtliche Übersetzung der Zürcher Bibel 2007 braucht für denselben Satz nur neun deutsche Wörter: »*Selig die Armen im Geist - ihnen gehört das Himmelreich.*« Doch dieser Satz erfordert eine Erklärung dafür, was der sehr wörtlich wiedergegebene Ausdruck »*arm im Geist*« eigentlich meint. Eine längere Anmerkung sichert, dass das Missverständnis »geistige Behinderung« vermieden werden kann.

8.3 Wozu kirchenamtliche Bibeln?

Die meisten Bibelübersetzungen begannen als Versuch eines einzelnen Theologen oder einer kleinen Gruppe, eine neue Übersetzung der Heiligen Schrift vorzulegen. In einigen Fällen fanden diese Übersetzungen großen Anklang in den Gemeinden und wurden durch ihren Gebrauch »kirchenamtlich«. Das war zunächst der Fall bei den Übersetzungen von Martin Luther in Deutschland, von Leo Jud und Ulrich Zwingli in der Schweiz und von Willam Tyndale in England. In späteren Zeiten, als deren Übersetzungen überarbeitet werden sollten und ganze Kommissionen damit beauftragt werden mussten, wurden diese Ausgaben von Synoden und Kirchenleitungen zum Gebrauch angenommen und empfohlen. So entstand in England die amtliche King-James-Bible (1611) aus der Übersetzung Tyndales. Man hört sie bis heute in englischen und amerikanischen Filmen, wenn die Heilige Schrift zitiert werden und sehr altertümlich klingen soll. Von den evangelischen Kirchen in Deutschland wurde erst 1892 eine einheitliche Ausgabe der Lutherbibel erarbeitet und beschlossen. Bis dahin gab es einen regelrechten Wildwuchs der Drucker und Verlage, durch den sich über dreihundert Jahre nach Luther elf verschiedene Versionen entwickelt hatten. Für die reformierte Zürcher Bibel übernahm die Synode dieser Kirche 1907 die Federführung und ließ sie seitdem zweimal überarbeiten. Die letzte Ausgabe 2007 wurde veröffentlicht.

Etwas anders liegen die Dinge in der katholischen Kirche, für die die lateinische Bibel, die Vulgata, die maßgebliche Ausgabe war und ist. Auch in ihr hat es einzelne Theologen wie Joseph Franz von Allioli (1793–1873) gegeben, die die Bibel ins Deutsche übertrugen. Aber den eigentlichen Anstoß für Bibeln in den Volkssprachen gab erst das Zweite Vatikanische Konzil (1962–1965), als es die Muttersprachen in der Liturgie zuließ. Das ermöglichte die Einheitsübersetzung der deutschsprachigen katholischen Bistümer, die von 1962 bis 1980 erarbeitet wurde.

Sowohl die Lutherbibel wie die Zürcher Bibel und die Einheitsübersetzung haben den Vorzug, dass sie durch viele Fachleute gründlich vorbereitet und geprüft wurden. Zum Beispiel werden im Prozess der Übersetzung die Psalmen auch daraufhin untersucht, ob der vorgeschlagene Wortlaut gesungen und im Gebet gemeinsam laut gesprochen werden kann. So können diese Übersetzungen, weil sie weithin zuverlässig und erprobt sind, im Gottesdienst, im Unterricht, in der Seelsorge und in der Kirchenmusik breit verwendet werden. Damit ist der Vorteil verbunden, dass derselbe Wortlaut an verschiedenen Stellen begegnet, wiedererkannt wird und sich einprägen kann. Weil manche Worte aus der Bibel wie das Vaterunser und Psalm 23 sich wie Wegweiser auf dem Lebensweg bewährt haben, müssen Veränderungen am bekannten Wortlaut nur mit großer Behutsamkeit vorgenommen werden.

»An verschiedenen Stellen begegnet derselbe Wortlaut, mit dem Vorteil, dass er wiedererkannt wird und sich einprägen kann.«

8.4 Was zeichnet die Lutherbibel aus?

Wie lässt sich nun die wichtigste deutsche Bibelübertragung, die Lutherübersetzung, diesem Spektrum verschiedenartiger Bibelübersetzungen zuordnen? Sie steht von ihren Prinzipien her in der Mitte und kennt sowohl die Rücksicht auf die Empfängersprache wie die Bindung an den ursprünglichen biblischen Wortlaut. Einerseits hat Luther ganz klar gefordert: »Man muss die Mutter im Hause, die Kinder auf der Gasse, den gemeinen Mann auf dem Markt darum fragen, und denselbigen auf das Maul sehen, wie sie reden, und darnach dolmetschen.«

Ein Dolmetscher muss so sprechen, dass die Angesprochenen in ihrer Muttersprache hören, was gemeint ist, und den biblischen Text sofort gut verstehen. Das hat Luther dazu gebracht, auch dem Fleischer in Wittenberg beim Schlachten zuzusehen, um dessen Fachausdrücke zu lernen und in seiner Übersetzung anzuwenden. Auch Edelsteine hat er sich von Fachleuten ausführlich erläutern lassen, damit er bestimmte Bibelstellen besser verstehen und wiedergeben konnte. Andererseits hat Luther sich auf dieses Empfänger-Prinzip nicht festlegen lassen, sondern ist auch den hebräischen oder griechischen Texten gefolgt, wenn er es für sachlich geboten hielt: »Ich habe eher wollen der deutschen Sprache abbrechen, denn von dem Wort weichen.« Denn »auf das Maul sehen« heißt bei dem Reformator nicht »nach dem Munde reden«, sondern nach dem angemessensten Ausdruck für die gemeine Sache, das Evangelium, zu suchen. Dabei will er auf keinen Fall in eine Art von Gelehrtendeutsch verfallen, das nur die Kundigen wirklich deuten könnten. Das Beispiel der ersten Seligpreisung der Bergpredigt mag Luthers Sorgfalt im deutschen Ausdruck wie seine Treue zum Ausgangstext verdeutlichen. Martin Luther übersetzte: »*Selig sind, die da geistlich arm sind; denn das Himmelreich ist ihr.*«

Er hat also mit Verben einen vollständigen deutschen Satz geformt. Dabei wird die griechische Wendung »im

Geist« mit dem Adjektiv »geistlich« so umschrieben, dass ein Missverständnis ausgeschlossen ist. Zugleich hat er nicht mehr Worte gebraucht als im griechischen Original.

Grundlegend neu war an Martin Luthers Übersetzung, dass die Bibel nicht wie bisher aus der in Mitteleuropa vorherrschenden lateinischen Fassung in die Volkssprache übertragen wurde, sondern aus den Ursprachen. Dazu waren viele Fachkenntnisse nötig, die niemand allein aufbringen konnte und kann. Eine Arbeitsgemeinschaft um Martin Luther mit Philipp Melanchthon, Johann Bugenhagen, Caspar Cruciger und anderen arbeitete Jahrzehnte in Wittenberg mit den modernsten wissenschaftlichen Ausgaben der Bibel und den damals neuesten sprachwissenschaftlichen Erkenntnissen. Ihr Erfolg war damals und in den folgenden Jahrhunderten unglaublich groß. Auch die Gegner Luthers mussten mit einem gewissen Neid anerkennen, dass das Neue Testament 1522 und die gesamte Bibel 1534 rasch eine weite Verbreitung fanden. Viele Menschen in Deutschland waren begeistert, selbst die Bibel lesen zu können. Eindrucksvoll bleibt, dass auch katholische Kritiker des Reformators seinen deutschen Bibeltext mit nur wenigen Änderungen übernahmen. Sie ließen sie als sogenannte »Korrekturbibeln« unter eigenem Namen verbreiten. Auch wenn es bereits vor Luther Versuche mit deutschen Bibelübersetzungen gegeben hatte, prägte seine Bibelübersetzung rasch Sprache, Kultur und

> »Die Bibel wurde nicht wie bisher aus der in Mitteleuropa vorherrschenden lateinischen Fassung übertragen, sondern aus den Ursprachen.«

> »Auch katholische Kritiker des Reformators haben seinen deutschen Bibeltext mit nur wenigen Änderungen übernommen.«

Glauben in einem ungeheuren und lang anhaltenden Maß. Es gibt Worte, die erst für diese Übersetzung geschaffen wurden und sich durchgesetzt haben, wie Lückenbüßer und Lästermaul, Morgenland oder Feuereifer und viele andere. Es sind ganze Kataloge von eigenen poetischen Formen zusammengestellt worden, durch die die deutsche Bibelsprache geprägt wurde. Das lässt sich leicht überprüfen, wenn man die sprichwörtlichen Redensarten der deutschen Sprache in einem Sammelwerk nachschlägt. Jede solche Sammlung hat ein erstes großes Kapitel, in dem biblische Wendungen und Sätze aufgeführt werden – natürlich in der Übersetzung Luthers. So verschiedene Dichter und kritische Geister wie Goethe und Nietzsche, Heine und Brecht haben sehr genau gewusst, wie ihre Sprache durch diese Übersetzung geprägt wurde und welche bleibende Bedeutung die Bibel für die Kultur in Deutschland hat.

8.5 Ist die Lutherbibel Luthers Bibel?

An dem Beispiel der Seligpreisung aus Mt 5,3 lässt sich verfolgen, dass Luthers Deutsch sich an manchen Stellen heute nicht mehr ganz einfach liest oder spricht, weil sich unsere Sprache weiterentwickelt hat. Dazu kommt, dass es nach seinem Tod im Lauf der Jahrhunderte neue wissenschaftliche Erkenntnisse der Theologie gab, die auch Rückwirkungen auf eine sorgfältige Übersetzung haben mussten. Schon Martin Luther und seine Arbeitsgruppe in Wittenberg prüften in diesem Sinne seit 1522 regelmäßig ihren deutschen Bibeltext und änderten ihn, wenn nötig, immer wieder. Das führte dazu, dass die evangelischen Kirchen in

Deutschland den Wortlaut der Bibelübersetzung ebenfalls immer wieder überprüften und revidierten, d. h. der sprachlichen und wissenschaftlichen Entwicklung anpassten. Die letzte dieser Revisionen stammt für das Alte Testament aus dem Jahr 1964, für die Apokryphen von 1970 und die endgültige Fassung des Neuen Testaments wurde nach einigen Umwegen 1984 fertiggestellt. Dort lautet Mt 5,3 nun: »*Selig sind, die da geistlich arm sind; denn ihrer ist das Himmelreich.*«

Die Veränderung ist relativ klein, die Sprache nach wie vor anspruchsvoll und die Nähe zum Urtext wie zu Luthers Sprachschöpfung geblieben.

Für das Reformationsjubiläum 2017 wurde eine neue Fassung der Lutherbibel vorbereitet, in deren Erstellung wiederum neueste wissenschaftliche Ergebnisse einflossen, um einen möglichst zuverlässigen Text anzubieten. Zugleich wurden dabei auch manche späteren Änderungen an Luthers Formulierungen wieder rückgängig gemacht, um dem ursprünglichen Klang von Luthers Sprache und vor allem dem Sinn der biblischen Texte besser zu entsprechen.

8.6 Empfehlungen

Wer sich mit einem Bibeltext intensiver vertraut machen und den Reichtum seiner Bedeutung erschließen will, kann das am besten, wenn er zwei oder drei Bibeln nebeneinander legt und vergleicht. Denn da kann man am konkreten Text einige Überraschungen erleben. Je unterschiedlicher die Übersetzungen angelegt sind, desto farbiger wird das Bild und desto lebhafter das Gespräch. Insofern bietet es sich an, eine vorwiegend wörtlich übersetzte Bibel neben eine freiere Übertragung zu legen.

Wenn es aber um einen prägnanten Wortlaut geht, dessen starke Sprache einprägsam wirkt, dann kann man das Werk Luthers und seiner Mitarbeiter nicht zur Seite legen. Es ist kein Zufall, dass Romane und Filme bis heute die lutherschen Formulierungen nutzen, wenn sie heilige Sprache, also Bibelsprache, wiedergeben wollen. Aber auch im Lauf eines Lebens bewähren sich die starken und poetischen Bibelverse, die den Reformatoren in Wittenberg gelangen: Wer immer einen Taufspruch für ein Kind, einen Konfirmationsspruch oder einen für die Trauung sucht, ist mit einer Formulierung aus der Lutherbibel gut beraten. Denn ihr Rhythmus, ihre Plastizität und Eindringlichkeit erweisen ihre Kraft oft über Jahre und Jahrzehnte. Sie lassen sich gut auswendig lernen, während manche moderne Fassung bei Weitem nicht so einprägsam ist. Wer einmal Psalm 23 in sich aufgenommen hat (»Der Herr ist mein Hirte, mir wird nichts mangeln …«), der wird sich nur schwer mit anderen Wendungen anfreunden können.

Die praktische Erfahrung lehrt, dass die Gute-Nachricht-Bibel oder die Basisbibel ein guter Einstieg sein können, um erste Eindrücke in der Bibel zu sammeln. Später aber mit wachsender Vertrautheit wenden sich viele evangelische Christen der anspruchsvolleren Lutherbibel zu, deren Formulierungen bis heute unübertroffen sind. Zum Weihnachtsgottesdienst gehören die kräftigen poetischen Formulierungen Luthers: »Fürchtet euch nicht! Siehe, ich verkündige euch große Freude, die allem Volk widerfahren wird; denn euch ist heute der Heiland geboren, welcher ist Christus, der Herr, in der Stadt Davids.«

Literaturhinweise

Jürgen Ebach, »Übersetzen – üb' Ersetzen!« Von der Last und Lust des Übersetzens, in: Bibel und Kirche 69 (2014), 2–7; https://www.bibelwerk.de/sixcms/media.php/169/BiKi_1_2014_Ebach.pdf

Hellmut Haug, Deutsche Bibel-Übersetzungen, Wissenswertes zur Bibel 6, Stuttgart 2002

Bertram Salzmann / Rolf Schäfer, Bibelübersetzungen, christliche deutsche, in: WiBiLex http://www.bibelwissenschaft.de/stichwort/15285/

Editorial zur Reihe

Im Gespräch mit Gemeindegliedern und besonders in der Zusammenarbeit mit ehrenamtlichen Mitarbeiterinnen und Mitarbeitern in Kirche und Diakonie lässt sich zunehmend ein sehr großes Interesse an theologischen Fragen beobachten. Viele wünschen sich, theologisch besser informiert zu sein. Vor allem kirchliche Mitarbeiter im Ehrenamt verstehen sich nicht als bloße »Helfer« der Pfarrer, sondern als Partner auf gleicher Augenhöhe. Um sich aber mit ihren spezifischen Erfahrungen und Kompetenzen sinnvoll einbringen zu können, brauchen sie theologische Bildung. Erst theologische Sachkenntnis ermöglicht ein angemessenes Wirken nach innen und nach außen. Und: Theologie ist eine spannende Sache, die Leidenschaft weckt und helfen kann, angstfrei in Gemeindegruppen Diskurse zu führen und zu leiten oder mit Menschen ohne jeden religiösen oder christlichen Hintergrund zu debattieren und ihnen den eigenen Glauben zu erklären.

Theologisches Wissen darf deshalb nicht den für kirchliche Berufe Ausgebildeten vorbehalten bleiben. Die Reihe »Theologie für die Gemeinde« stellt sich dieser Aufgabe. Sie präsentiert die wichtigsten theologischen Themen für Gemeindeglieder in 18 Taschenbüchern, von denen jeweils drei die Thematik eines Teilbereiches entfalten:

Die Grundlagen kennen: Warum Gott? / Der Mensch in seiner Würde und Verantwortung / Die Kirche

Die Quellen verstehen: Glaubenserfahrung im Alten Testament / Glaubenserfahrung im Neuen Testament / Die Bibel verstehen und auslegen

Gottesdienst feiern: Kirchenräume und Kirchenjahr / Gottesdienst verstehen und gestalten / Geistlich leben

In der Welt glauben:	Glaube und Wissenschaft / Glaube und Ethik / Christsein in pluralistischer Gesellschaft
Gemeinde gestalten:	Gemeinde entwickeln und leiten / Eine kleine Gemeindepädagogik / Diakonie, Seelsorge, Mission
Die Geschichte wahrnehmen:	Kirchengeschichte im Überblick / Die Reformation und ihre Folgen / Ökumenische Kirchenkunde

Mit den verschiedenen Bänden unserer Reihe sollen den Gemeindegliedern preiswerte und ansprechende Taschenbücher angeboten werden, in denen Fachleute in kompakter Form und elementarisierender Sprache zu den wesentlichen Themen der Theologie Auskunft geben – ohne zu viel an Vorwissen zu unterstellen, aber auch ohne die Glaubens- und Lebenserfahrung der Leserschaft und die in unseren Kirchen diskutierten Fragen zu übersehen.

Für die Mitarbeit konnten wir Autoren und Autorinnen aus dem universitären Bereich und gemeindenahen Zusammenhängen sowie Mitarbeiter an Projekten und Aufgaben der VELKD gewinnen, Frauen und Männer aus verschiedenen Generationen aus Sachsen, Thüringen, Sachsen-Anhalt, Nordrhein-Westfalen, Baden-Württemberg und Bayern.

Die so entstandenen Bücher sind zur privaten Lektüre gedacht und leiten zur persönlichen Auseinandersetzung mit den Themen des Glaubens an. Sie können aber ebenso Anregungen für das Gespräch in Gemeindeseminaren, Bibelkreisen oder Hauskreisveranstaltungen geben und die Arbeit im Kirchenvorstand unterstützen. Insofern sind sie im besten Sinne »Theologie für die Gemeinde«.

Heiko Franke / Wolfgang Ratzmann

THEOLOGIE FÜR DIE GEMEINDE präsentiert die wichtigsten theologischen Themen aufbereitet für die praktische Gemeindearbeit. Im Blickpunkt stehen Ehrenamtliche und aktiv mitarbeitende Gemeindeglieder.

Theologie ist spannend. Vor allem aber ermöglicht die Beschäftigung mit theologischen Grundlagen, unbefangen und kompetent über den eigenen Glauben zu sprechen und Zusammenhänge zu erklären. Dabei zu helfen, ist das Anliegen dieser Buchreihe. Fragen wie »Gibt es einen Teufel?« oder »Was ist ein Sakrament?« werden ebenso geklärt wie die Bedeutung der christlichen Feiertage und die Lehre der Dreifaltigkeit. In Zusammenfassungen und Übersichten werden die wichtigsten Informationen leicht verständlich dargestellt.

Idee und Konzeption der Reihe wurden von Dr. Heiko Franke und Prof. Dr. Wolfgang Ratzmann in Zusammenarbeit mit der Ehrenamtsakademie der Evangelisch-Lutherischen Landeskirche Sachsens unter Leitung von Joachim Wilzki entwickelt. Unterstützt wird das Projekt von der Vereinigten Evangelisch-Lutherischen Kirche Deutschlands (VELKD).

EVANGELISCHE VERLAGSANSTALT
Leipzig ✈ www.eva-leipzig.de ▌f facebook.com/leipzig.eva

Telefon 03 41 / 7 11 41-16 | Fax 03 41 / 7 11 41-50 | E-Mail vertrieb@eva-leipzig.de

I Die Grundlagen kennen

Wilfried Härle
Warum Gott?
Für Menschen die mehr wissen wollen

2013 | ThG I/1 | 312 Seiten | ISBN 978-3-374-03143-6
€ 14,80 [D] (Paperback)
€ 14,99 [D] (E-Book)

Gunda Schneider-Flume
Wenig niedriger als Gott?
Biblische Lehre vom Menschen

2013 | ThG I/2 | 112 Seiten | ISBN 978-3-374-03182-5
€ 9,90 [D] (Paperback)
€ 9,99 [D] (E-Book)

Heiko Franke | Manfred Kießig
Wo der Glaube wohnt
Das Wesen und die Sendung der Kirche

2013 | ThG I/3 | 136 Seiten | ISBN 978-3-374-03185-6
€ 9,90 [D] (Paperback)
€ 9,99 [D] (E-Book)

EVANGELISCHE VERLAGSANSTALT
Leipzig www.eva-leipzig.de facebook.com/leipzig.eva

Telefon 03 41 / 7 11 41-16 | Fax 03 41 / 7 11 41-50 | E-Mail vertrieb@eva-leipzig.de

II Die Quellen verstehen

Martin Rösel
Von Adam und Eva bis zu den kleinen Propheten
Glaubenserfahrung im Alten Testament

2014 | ThG II/1 | 96 Seiten | ISBN 978-3-374-03187-0
€ 9,90 [D] (Paperback)
€ 9,99 [D] (E-Book)

Matthias Rein
Von Bethlehem bis zum neuen Jerusalem
Glaubenserfahrung im Neuen Testament

2015 | ThG II/2 | 120 Seiten | ISBN 978-3-374-03195-5
€ 9,90 [D] (Paperback)
€ 9,99 [D] (E-Book)

Christoph Kähler
Ein Buch mit sieben Siegeln?
Die Bibel verstehen und auslegen

2016 | ThG II/3 | 128 Seiten | ISBN 978-3-374-03192-4
€ 9,90 [D] (Paperback)
€ 9,99 [D] (E-Book)

EVANGELISCHE VERLAGSANSTALT
Leipzig ✎ www.eva-leipzig.de f facebook.com/leipzig.eva

Telefon 03 41 / 7 11 41-16 | Fax 03 41 / 7 11 41-50 | E-Mail vertrieb@eva-leipzig.de

III Gottesdienste feiern

Bettina Naumann
Heilige Orte und heilige Zeiten?
Kirchenräume und Kirchenjahr

2013 | ThG III/1 | 120 Seiten | ISBN 978-3-374-03149-8
€ 9,90 [D] (Paperback)
€ 9,99 [D] (E-Book)

Erik Dremel | Wolfgang Ratzmann
Nicht nur am Sonntagvormittag
Gottesdienst verstehen und gestalten

2014 | ThG III/2 | 208 Seiten | ISBN 978-3-374-03190-0
€ 12,90 [D] (Paperback)
€ 12,99 [D] (E-Book)

Thomas Schönfuß
Fromm und frei
Geistlich leben

2015 | ThG III/3 | 120 Seiten | ISBN 978-3-374-03191-7
€ 9,90 [D] (Paperback)
€ 9,99 [D] (E-Book)

EVANGELISCHE VERLAGSANSTALT
Leipzig ✐ www.eva-leipzig.de f facebook.com/leipzig.eva

Telefon 03 41 / 7 11 41-16 | Fax 03 41 / 7 11 41-50 | E-Mail vertrieb@eva-leipzig.de

IV In der Welt glauben

Rainer Eckel | Hans-Peter Großhans
Gegner oder Geschwister
Glaube und Wissenschaft

2015 | ThG IV/1 | 144 Seiten | ISBN 978-3-374-03193-1
€ 9,90 [D] (Paperback)
€ 9,99 [D] (E-Book)

Michael Kuch
Richtig handeln
Glaube und Ethik

2014 | ThG IV/2 | 112 Seiten | ISBN 978-3-374-03188-7
€ 9,90 [D] (Paperback)
€ 9,99 [D] (E-Book)

Christoph Seele
Staat und Kirche
Christsein in pluralistischer Gesellschaft

2014 | ThG IV/3 | 128 Seiten | ISBN 978-3-374-03183-2
€ 9,90 [D] (Paperback)
€ 9,99 [D] (E-Book)

EVANGELISCHE VERLAGSANSTALT
Leipzig 🖊 www.eva-leipzig.de 🛐 facebook.com/leipzig.eva

Telefon 03 41 / 7 11 41-16 | Fax 03 41 / 7 11 41-50 | E-Mail vertrieb@eva-leipzig.de

V Gemeinde gestalten

Wolf-Jürgen Grabner
Auf Gottes Baustelle
Gemeinde leiten und entwickeln

2013 | ThG V/1 | 136 Seiten | ISBN 978-3-374-03186-3
€ 9,90 [D] (Paperback)
€ 9,99 [D] (E-Book)

Matthias Spenn | Simone Merkel
Glauben lernen und lehren
Eine kleine Gemeindepädagogik

2014 | ThG V/2 | 112 Seiten | ISBN 978-3-374-03184-9
€ 9,90 [D] (Paperback)
€ 9,99 [D] (E-Book)

Jürgen Ziemer
Andere im Blick
Diakonie, Seelsorge, Mission

2013 | ThG V/3 | 128 Seiten | ISBN 978-3-374-03148-1
€ 9,90 [D] (Paperback)
€ 9,99 [D] (E-Book)

EVANGELISCHE VERLAGSANSTALT
Leipzig ✒ www.eva-leipzig.de f facebook.com/leipzig.eva

Telefon 03 41 / 7 11 41-16 | Fax 03 41 / 7 11 41-50 | E-Mail vertrieb@eva-leipzig.de

VI Geschichte wahrnehmen

Veronika Albrecht-Birkner
Vom Apostelkonzil bis zum Montagsgebet
Kirchengeschichte im Überblick

2014 | ThG VI/1 | 248 Seiten | ISBN 978-3-374-03189-4
€ 12,90 [D] (Paperback)
€ 12,99 [D] (E-Book)

Armin Kohnle
Luther, Calvin und die anderen
Die Reformation und ihre Folgen

2016 | ThG VI/2 | 112 Seiten | ISBN 978-3-374-03194-8
€ 9,90 [D] (Paperback)
€ 9,99 [D] (E-Book)

Michael Markert
Ein Herr und tausend Kirchen?
Ökumenische Kirchenkunde

2015 | ThG VI/3 | 144 Seiten | ISBN 978-3-374-03196-2
€ 9,90 [D] (Paperback)
€ 9,99 [D] (E-Book)

EVANGELISCHE VERLAGSANSTALT
Leipzig ⬩ www.eva-leipzig.de ❙ facebook.com/leipzig.eva

Telefon 03 41 / 7 11 41-16 | Fax 03 41 / 7 11 41-50 | E-Mail vertrieb@eva-leipzig.de